Erica Maria Meli: Sterben in Achtsamkeit

Erica Maria Meli

Sterben
in Achtsamkeit

Liebevolle Begleitung auf dem Weg
in eine andere Welt

Aquamarin Verlag

Originalausgabe
1. Auflage 2009
© Aquamarin Verlag GmbH
Voglherd 1 • D-85567 Grafing
www.aquamarin-verlag.de

Umschlaggestaltung: Annette Wagner

Druck: Bercker • Kevelaer

ISBN 978-3-89427-512-9

Inhalt

Dieses Buch widme ich meinem Mann Werner

und unseren beiden Töchtern Andrea und Karin.

Sie haben mir immer wieder Mut gemacht.

Vorwort

Die persönlichen Erfahrungen, die meine Cousine Erica Maria Meli in ihrem Buch „Sterben in Achtsamkeit" aufgezeichnet hat, geben einen Einblick in das Leben einer spirituell Suchenden, die nach der Wahrheit des Lebens und des Todes forscht. Erica hatte bereits als Kind eine scheinbar „unbewusste" Vision als „Engeli", die sich mit jedem Entwicklungsschritt mehr und mehr verwirklichte. Ich kenne Erica als kritisch denkenden und nach dem besten Weg suchenden Menschen. Ihre tiefe religiöse Grundhaltung war auch ihr Pfad, mit sich und ihren Patienten neue Wege der Schwerkranken- und Sterbebegleitung zu begehen und dabei mystisches Terrain zu betreten, das noch vor Jahren in der klassischen Schulmedizin kaum denkbar war. Erica ist sicher eine Pionierin, die ihren *Beruf* als Krankenschwester zur *Berufung* als Sterbebegleiterin weiterentwickelt hat und sich unaufhörlich für eine neue Sterbekultur in unserer Gesellschaft engagiert. Als psychologischer Astrologe weiß ich von Erica, dass sie eine Skorpion-Thematik mitbringt, wodurch die Auseinandersetzung mit dem Thema Tod und Leben gegeben ist. Als Steinbock-Geborene mit Aszendent Schütze steht ihr Lebensthema dafür, Klarheit und den höheren Sinn im Leben zu erfahren.

Ihr Buch erlaubt dem Leser, nebst humorvollen und persönlichen Erlebnissen mit Patienten, auch tiefgehende und berührende Einblicke in die Art und Weise, wie Menschen jeden Alters und jeder Gesellschaftsschicht auf individuelle Weise sterben. Im Volksmund sagt man ja auch: „So wie man lebt, so stirbt man." Gerade die Synthese von liebevollem Einfühlungsvermögen und religiösem Verständnis machen ihre Arbeit für Todkranke so wertvoll. Wenn die Angst vor dem Sterben und das Nicht-Los-lassen-Können gewandelt werden, damit Sterbende den Weg der Transformation gehen können, dann hat Gott wirklich „seine irdischen Engel" ausgeschickt, um die Heimkehr zu erleichtern.

Das Buch von Erica verstehe ich als Beitrag dafür, dass Sterben und Sterbebegleitung in unserer Gesellschaft keine Tabu-Themen mehr sind, sowohl für Schwerkranke als auch für Angehörige. Die Geschichte von Erica macht die Erfahrung deutlich, dass die Berufung zur Sterbebegleiterin vor allem bedeutet, sich ganz hinzugeben und spirituell zu wachsen. Die Entwicklung von der allgemeinen Krankenschwester zur Schwerkranken-Begleiterin und dann zur „spirituellen Hebamme" bedarf viel Erfahrung und Demut, um nichts mehr zu wollen und als Mensch nur da zu sein. Es gibt keine Allerweltsrezepte, wie man stirbt und Sterbende begleitet. Die Erkenntnis, dass wir nichts tun können, außer dem psychischen Körper Linderung bei Schmerzen zu verschaffen, ist eine Seite. Die andere und wichtigere Seite ist es jedoch, unser ganzes menschliches Wesen einzubringen und damit Herzens-wärme und Geborgenheit zu schaffen. Die Schriftstellerin Anaïs Nin hat es auf den Punkt gebracht: „Wir sehen die Dinge nicht, wie sie sind. Wir sehen sie so, wie wir sind."

Christoph Bürer

Einleitung

Mein Weg durch vierzig Jahre Krankenpflege

Quo vadis? Wohin gehst du?

Mit diesen Worten hat Christus Petrus angesprochen, als er auf der Via Appia unterwegs war und die Stadt Rom verlassen wollte. Auch ich habe mir im Verlauf meines Lebens diese Frage oft gestellt – und tue es heute noch.

Mein Weg hat mich in die Krankenpflege geführt. Unterwegs bin ich vielen Menschen und ihren Schicksalen begegnet. Ich habe viel Schönes erlebt, aber auch immer wieder in schweren Stunden nach dem richtigen Weg gefragt. Dabei habe ich oft erfahren dürfen, dass wir nie alleine unterwegs sind und Hilfe erhalten, wenn wir darum bitten. Schon als kleines Kind, und sicher stets in belastenden Situationen, habe ich an die Engel geglaubt und ihre Hilfe erhalten. Manchmal konnte ich ihre Liebe und ihre Gegenwart körperlich spüren. Auf der Suche nach der Sinnfrage meines Lebens bin ich immer bewusster in den Göttlichen Plan eingedrungen, der für mich ein Wegweiser war, und bin so weiter gewandert. Vielmals durfte ich selbst Wegweiser sein – für andere. Dies waren und sind meine schönsten Erfahrungen als Krankenschwester.

Heute begleite ich Menschen auf dem letzten Wegstück – dann, wenn ihr persönlicher Weg zur Vollendung führt. Sterbebegleitung bringt eine neue Dimension in mir zum Klingen. Mein eigenes Sehnen nach der Vollendung ist in diesen Stunden der Begleitung präsent und ein großes Geschenk. Sicher ist mein Weg nicht nur geradlinig verlaufen. Es gab einige Umwege, jedoch zum Glück auch Abkürzungen. Ich durfte erfahren, dass der Weg das Ziel ist.

Die folgenden Erinnerungen sind all denen gewidmet, die mit mir unterwegs sind. Gerade weil mein Weg mich durch so viele menschliche Situationen und Themen führte, ist dieses Buch für alle geeignet, die sich tiefer mit dem Sinn unseres Daseins befassen möchten. Wenn es gelingt, durch das Lesen etwas mehr Licht und Vertrauen in das große Geheimnis von Leben und Sterben zu bringen, dann ist das Buch nicht nur für Pflegende eine Bereicherung.

Die Anfänge

Ausbildung am Theodosianum

Eigentlich wollte ich ja Hebamme oder Säuglingsschwester werden, weil ich große Freude an Kindern habe. Die Schwester Oberin vom Krankenhaus Walenstadt hat mir dann geraten, Allgemeine Krankenpflege zu lernen. Diese Ausbildung sei viel fundierter, und ich hätte später immer noch Gelegenheit, nur mit Kindern zu arbeiten. Also habe ich beschlossen, diesen wohlgemeinten Rat zu befolgen. Als ich meinen Freunden sagte, was ich lernen würde, waren die Reaktionen alles andere als positiv: „Was, du gehst ins Kloster? Du lernst Krankenpflege?"

Zu dieser Zeit, im Jahr 1960, war der Pflegeberuf noch nicht so begehrt. Er war mit einem großen caritativen Image verbunden. Ich ließ mich jedoch nicht davon abhalten, diesen Beruf zu erlernen. Jetzt ging es zuerst darum, das fehlende Jahr gut zu nutzen. Ich besuchte damals das Institut St. Anna in Lugano zum Erlernen der italienischen Sprache. Von verschiedenen Seiten wurde mir geraten, vorher noch ein Praktikum als Schwesternhilfe zu absolvieren, dies sei die beste Vorbereitung zum Erlernen des Pflegeberufes. Ich entschloss mich jedoch, im Frühling für sechs Monate nach Rom zu gehen. In einer Diplomaten-Familie hatte ich die Möglichkeit, meine Italienisch-Kenntnisse zu vertiefen; es sollte mir später im Spital von großem Nutzen sein. Ich verbrachte eine herrliche Zeit in Rom. Klein Alessandra, vierjährig, war ein sonniges Kind. Sie besuchte jeden Morgen den Kindergarten – und ich hatte frei. So bot sich mir ausreichend Gelegenheit, die Sehenswürdigkeiten von Rom zu besichtigen; und dies waren nicht wenige. Groß war der Abschiedsschmerz für beide, als wir uns trennen mussten.

Anfang Oktober 1960 bin ich als jüngstes Mitglied in die Schule für Krankenpflege im Theodosianum in Zürich eingetreten. Die Schule wurde von Ingenbohler Klosterfrauen geleitet. Von sehr guten Lehrerinnen, mit einer fundierten religiösen und ethischen Grundhaltung, wurden wir ausgebildet. Ethische Werte waren genau so wichtig wie Krankenbeobachtung, Körperpflege, Bettenmachen, Prophylaxe usw. Die medizinischen und chirurgischen Fächer wurden von Ärzten an uns weitergegeben.

Besonders intensiv wurde uns die Körperpflege vermittelt. Ganzwaschung, Intimtoilette, Hand-, Fuß- und Haarpflege, um nur einiges zu nennen. Wesentlich war auch, zu erlernen, wie man den Kranken wäscht. Alle sollten es gleich machen, um den Patienten nicht zu verunsichern. Es wurde uns beigebracht, diese Handlung mit Respekt vor dem Kranken auszuführen und uns dabei immer bewusst zu sein, dass wir einen Menschen berühren und nicht mit einem Lappen über den Küchentisch fahren. Zum Glück durften wir zuerst an einer Plastikpuppe üben.

Später, als ich dann meinen ersten Patienten auf der Abteilung waschen durfte, habe ich den Unterschied gespürt. Alleine schon die Tatsache, dass ich fortan lebendige Menschen berühren würde und sie sich von mir berühren lassen mussten, stellte für mich eine Herausforderung dar. Zum Glück aber entwickelte sich auch ein gegenseitiges Vertrauen. Wenn ich nur daran denke, wie viel Feingefühl und Mut ich entwickeln musste, um eine Ganzwäsche auszuführen… Ich habe es gelernt und fand es eine schöne Aufgabe, wenn man Patienten so begegnen durfte. Über den Körperkontakt entstand so viel Nähe. Schön, wenn man als junge Schwester von den Patienten hören durfte, dass diese Handlungen sehr gut tun. Ich glaube, ich habe damals schon unbewusst basale Stimulation geübt; hatten wir damals doch noch leichteren Zugang zu den Kranken, zu deren Gefühlen und Körperwahrnehmungen, da wir die Kranken noch selber waschen durften. Heute wird diese Aufgabe aus Zeitgründen an die Pflegeassistenten delegiert.

Meine drei Lehrjahre habe ich als große Bereicherung erfahren. Ich möchte keinen Tag davon missen. Diese Gemeinschaft hat mich geprägt und Wesentliches zu meiner religiösen, geistigen und spirituellen Entwicklung beigetragen. Der rechte Geist belebte diese Schule. Charakterliche Schulung auf religiöser Basis hatte einen großen Stellenwert; und das ist heute noch so. Auch die feierliche Gestaltung der Feste des Kirchenjahres hat uns viele schöne Stunden beschert. Ein großes Ereignis waren unsere Einkehr-Tage oder „Exerzitien", wie man sie nannte. Diese Tage der Stille waren Balsam für meine Seele. Viele Probleme und Erlebnisse wurden in diesen Tagen bewusst oder unbewusst verarbeitet. Gestärkt und mit frischem Mut ging es anschließend wieder in den Berufsalltag. Da wir alle zusammen im Schulgebäude wohnten, von wenigen Ausnahmen abgesehen, wurde unser Gemeinschaftssinn gestärkt. Wir haben zusammen gewohnt, gegessen und gelernt.

Und wie ist es heute? Heute haben die jungen Frauen, die die Ausbildung in Kranken- und Gesundheitspflege machen, meistens eine eigene Wohnung und ein Auto, einige sind sogar schon verheiratet. Sie werden auch nicht mehr „Schwester" genannt, sondern sie stellen sich als „Frau" vor. Das Image der caritativen Schwester hat sich verändert. Heute wird man von kompetenten und selbstbewussten "Fachfrauen" gepflegt und begleitet.

Chefvisite damals und heute

Die Chefvisite war damals etwas Großes. Sie war das *große Ereignis* schlechthin. Als kleine Schülerin hat sie mich sehr beeindruckt und auch etwas nervös gemacht. Schon am Morgen wurden wir daran erinnert, dass heute die Chefvisite stattfinde. Zur Chefvisite mussten alle Patienten im Bett liegen, auch die so genannten „Selbstständigen". Schön zugedeckt, die Kissen geschüttelt, auf den Nachttischen musste Ordnung herrschen, und ganz sicher sollten alle Urinflaschen geleert sein.

Bevor der Chef erschien, sind alle Pflegenden im Spitalkorridor buchstäblich stramm gestanden und haben auf die „Götter in Weiß" gewartet. Ja, das waren sie damals wirklich noch – Götter. Respekt und Autorität hat absolut geherrscht. Der Patient hat dem Arzt voll vertraut, und ganz sicher war eine Chefarzt-Verordnung nicht anzuzweifeln.

Heute haben wir es mit aufgeklärten, so genannten „mündigen" Patienten zu tun, wozu die vielen Bücher und medizinischen Sendungen sicher beigetragen haben. Auch im Internet kann man sich über alles orientieren. Der heutige Patient tut das auch und hat einen großen Schritt zum Wissenden hin gemacht. Er möchte alles über seine Krankheit wissen. So wird heute am Krankenbett nicht mehr *über* den Patienten gesprochen, sondern *mit* ihm.

Zurück zur damaligen Chefvisite. Da standen wir also. Zuerst die Oberschwester, dann die Diplomierten und zuletzt die Schülerinnen. Wenn der Chef mit wehendem Mantel angerauscht kam, gefolgt von mindestens 10-15 Assistenten, ging es los. Die pflegende Schwester gab Auskunft über das Befinden des Patienten. Sie hat dem Chef die Patientenkurve bereitgehalten und stand neben

16

dem Chef, damit er immer einen Blick hineinwerfen konnte. So lief also der Chirurgie-Chef mit seinem ganzen Gefolge von Zimmer zu Zimmer. Den Assistenten wurde immer alles erklärt und gezeigt. Der Chef setzte bei allen voraus, dass sie über die Krankheitsbilder ihrer Patienten Bescheid wussten. Die Patientenkurven waren noch einfach zu lesen und zu verstehen. Die Chefvisite war sehr wichtig, denn der Chef musste über alle Patienten die Übersicht haben. Er wollte auch alle Kranken mindestens einmal in der Woche sehen.

Heute gibt es viele Chefs, denn die Fachgebiete sind aufgeteilt worden. Es gibt einen Chef für Urologie, Gynäkologie, Orthopädie, Medizin, Rheumatologie usw. Jeder Chef macht seine Visite.

Ich kann es nicht lassen, hier eine lustige Geschichte anzufügen. Wir hatten auf der Abteilung eine zeitweise sehr desorientierte Patientin. Sie konnte plötzlich herumschreien, aggressiv reagieren und niemanden mehr an sich heran lassen. Sie wurde dann in ein Einbettzimmer verlegt, weil ihre Art die Mitpatienten störte. Schwer war ihre Pflege. Wenn sie unruhig war, hat sie uns beschimpft und aus dem Zimmer gejagt. Immer wieder haben wir auf der Visite geklagt und gefordert, dass man die Frau auf die Psycho-Geriatrie verlege, weil sie auf unserer Abteilung am falschen Ort sei und wir auf der akuten Chirurgie zu wenig Zeit für sie hätten. Weil sie manchmal auch gute Phasen hatte, wurde uns nicht so recht geglaubt.

Die Chefvisite kam, der Chef stürmte allen voran ins Einzelzimmer, alle Assistenten hinterher. Er begrüßte Frau H.: „So, wie geht es Ihnen heute?" Weiter kam er nicht. Die Patientin hat ganz laut gebrüllt: „Du Kleiner (der Chef war etwas kleiner als die anderen Ärzte), du hast gar nichts zu sagen. Verschwinde sofort aus diesem Zimmer!" Dabei hat sie drohend die Hand erhoben und laut geschrien, dass man es auf dem Korridor hörte. Alle haben gelacht, mehr oder weniger heimlich. Es kam darauf an, wie nahe man beim Chef stand. Die Wirkung war phänomenal. Der Chef kam aus dem Zimmer geschossen und sagte, die Patientin müsse noch heute verlegt werden.

Meine erste Patientin stirbt

Es war an einem Morgen auf der chirurgischen Abteilung. Ich assistierte Schwester M. bei einem schwierigen Verbandswechsel. Die alte Frau hatte ein offenes Magenkarzinom. Es sah schlimm aus, aus dem offenen Bauch wuchs ein blumenkohlartiges Gewächs. Beim vorsichtigen Säubern mit Na-Cl-Lösung sah man tief bis in die Därme hinein. Schwester M. hat mit viel Achtsamkeit die Wunde verbunden.

Als wir die Patientin später an den Bettrand setzen wollten, hat sie plötzlich die Augen verdreht, so dass wir sie sofort ins Bett zurücklegten. Schwester M. sagte: „Bleibe bei ihr. Ich rufe sofort den Spitalseelsorger, damit sie die heiligen Sterbesakramente erhält." Ich hatte solche Angst, als ich bei der sterbenden Frau bleiben sollte...

Zum Glück kam Sr. M. bald wieder zurück. Sie gab mir den Auftrag, ich solle sofort die Schachtel im Gang holen, damit wir das Tischchen herrichten konnten. In dieser Schachtel befanden sich ein weißes Tuch, zwei Kerzenständer, zwei Schalen für Wasser und Watte. Ich lief auf den Korridor und war froh, aus dem Zimmer gehen zu dürfen. Da sah ich sie im Geiste wieder: Diese Wunde, die Därme, die sterbende Frau...

Panik hat mich ergriffen! Ich bin von der Station weg in den Spitalpark geflüchtet und habe den erstbesten Baum umarmt und haltlos geweint. Da war sie wieder – diese große Angst vor dem Tod. Warum nur? Heute weiß ich: Es war die Angst vor einem toten Körper.

Plötzlich erinnerte ich mich, als ob sich ein Fenster zur Vergangenheit öffnete: Ich war noch klein. Ich glaube, ich ging noch nicht in die Schule. Mein Onkel hatte eine Gärtnerei. Damals war es üblich, in der Gärtnerei Kränze und Blumenschalen für die Beerdigung zu bestellen. Wir durften dann die Blumen und die bestellten Schalen ins nahe gelegene Krankenhaus, ins so genannte „Leichenhüsli" (Aufbahrungshalle), bringen. Dazu bekamen wir den Schlüssel vom Portier, weil er uns ja kannte. Wir wussten genau, dass wir nichts berühren durften und nur die Blumen hinstellen sollten. Zu jener Zeit haben mich die verstorbenen Menschen fasziniert. Wir haben vielmals das „Fensterchen" am Sarg zurückgeschoben und in die friedlich schlafenden Gesichter geschaut. Da war so ein Frieden, so eine Harmonie…
Einmal, als wir wieder Blumenschalen vorbeibrachten, war die hintere Türe offen und nur angelehnt. Sonst war sie immer verschlossen gewesen. Neugierig, wie Kinder nun einmal sind, wollten wir sehen, was dahinter verborgen war. Der Anblick war schrecklich! Ich habe laut aufgeschrien und bin auf und davon gerannt. Auf einem Tisch lag ein nackter Mann. Der Bauch war aufgeschnitten und ganz viele Därme lagen oben auf. Ein furchtbares Bild! Ich sollte danach noch manche Nacht Alpträume haben. Ich musste versprechen, niemandem etwas zu verraten.

Als ich zehn Jahre alt war, also vier Jahre später, starb mein lieber Vater. Er wurde im Sarg in unserem Haus aufgebahrt. Ich hatte solche Angst… Meine Mama wollte immer, dass wir Papa nochmals anschauen. Sie sagte: „Habt keine Angst. Er liegt ganz friedlich da." Ich habe laut geweint, am ganzen Körper gezittert und Papa nicht mehr anschauen wollen. Niemand verstand, wieso ein Kind von zehn Jahren so seltsam reagierte.

Mit dieser wiederkehrenden Erinnerung stand ich also immer noch im Park und sollte doch die Schachtel ins Sterbezimmer bringen. Mit verweinten Augen und einem schlechten Gewissen bin ich wieder im Krankenzimmer erschienen. Die Patientin lag ruhig im Bett und hat nur noch schwach geatmet. Der Tisch war hergerichtet. Die Kerzen brannten, und der Priester salbte der Patientin Hände und Füße. Schwester M. hatte laut gebetet. Das Dabeisein beim Spenden des heiligen Sakramentes hat auch mich getröstet und innerlich zur Ruhe gebracht.

Heute muss man nicht mehr sofort nach dem Geistlichen rufen, wenn ein Katholik am Sterben ist. Hatte man früher immer erst im letzten Moment die Sterbesakramente empfangen, so machen heute die alten und kranken Leute viel früher davon Gebrauch. Es gibt spezielle Segnungs-Gottesdienste. Wie sehr eine Salbung oder eine Segnung in der Sterbestunde hilft, sollte ich erst zu einem späteren Zeitpunkt erfahren.

Die Patientin ist bald danach ganz ruhig eingeschlafen. Ich habe tief innen gespürt, dass es der alten Frau nun gut ging. Das hat mich sehr getröstet. Am Abend, bevor ich Dienstschluss hatte, fand ein klärendes Gespräch zwischen der Abteilungsschwester und mir statt. Ich hatte jedoch immer noch nicht den Mut, ihr mitzuteilen, warum ich in Panik geraten war.

Vertrauen und Angst vor Fehlern

Ich glaube, alle Pflegenden wissen, wie wichtig es ist, das richtige Medikament – zur rechten Zeit – in der richtigen Dosierung –

dem richtigen Patient – zu verabreichen. Das klingt ja so einfach und selbstverständlich, ist es aber nicht. Ich glaube, jeder Schülerin und jedem Pflegenden ist schon einmal ein kleinerer oder größerer Fehler passiert, nicht umsonst werden sämtliche Medikamente dreimal kontrolliert.

Eine Medikamenten-Verwechslung ist mir damals als Schülerin im 2. Lehrjahr unterlaufen. Ich habe dieses Missgeschick, das zum Glück einen guten Ausgang hatte, meinem Tagebuch anvertraut.

2. April 1962

Aus diesem Tag habe ich eine Lehre gezogen, die für immer anhalten dürfte. Am vierten postoperativen Tag wurde einem Patienten, der nach einer Darmoperation Anzeichen eines beginnenden Ileus (Darmverschluss) hatte, bei der Chefvisite eine Ampulle Mestinon verordnet. (Mestinon = starkes Spasmolytikum, Anwendung bei Darmatonie, Ileus, Lähmungen, Muskelspasmen.) Nichts denkend, entnehme ich dem Medikamentenschrank eine Stechampulle Mestinon und füge die ganze Ampulle der Infusion bei. Eine Ampulle enthält 1 ml Mestinon, eine Stechampulle jedoch 5 ml. Ich habe nicht bemerkt, dass somit die Dosierung falsch war.

Am Nachmittag, als ich um 15.00 Uhr auf die Abteilung kam, eilte mir Sr. M. freudig strahlend entgegen und sagte: „Herr B. hat Wind und sogar ein bisschen Stuhl, bin ich froh!" Damals hat man sich noch über jeden „Furz" (Wind) gefreut. Ich eilte sofort ins Zimmer, um die Freude mit ihr zu teilen. Tatsächlich, man roch es schon von weitem! Doch Hr. B. sah gequält aus und klagte über starke Bauchkrämpfe.

Als wir nach dem Betten das Zimmer wieder verließen, bemerkte Sr. M. nebenbei: „Der 1 ml Mestinon hat aber Wunder bewirkt." Ich erschrak furchtbar und bekannte, dass ich eine ganze Stechampulle, also 5 ml, in die Infusion gespritzt hatte. Sr. M. hat mich ganz streng angesehen und gesagt: „Aber es war doch eine Ampulle verordnet und nicht eine Stechampulle." Als ich anfing zu heulen, hat sie trocken gesagt: „Wenigstens hat es ja genützt, die Therapie war radikal, aber gut. Du weißt, dass ich dein Vergehen dem Chef melden muss." Ja, ich wusste es und beschloss, es ihm selber zu sagen. Seine Reaktion war: „Du hast jetzt noch einmal Glück gehabt, aber merke dir: Schaue immer dreimal, bevor du Medikamente verabreichst. Es könnte auch einmal schlimmere Folgen haben. Eine Krankenschwester und ein Arzt stehen immer mit einem Fuß im Gefängnis."

Den ganzen Nachmittag lebte ich in großer Angst, Hr. B. könnte an der zu starken Dosis doch noch kollabieren. Immer und immer wieder rannte ich ins Zimmer, um nach dem Patienten zu sehen. Doch Hr. B. hat die ganze Rosskur überstanden, und am Abend dankte ich Gott auf den Knien, dass nichts Schlimmeres passiert ist.

Makabre Verwechslung

Zuerst wollte ich folgende Geschichte nicht erzählen. Sie kann heute weniger passieren; doch damals war es leider so.

Wir drei Schülerinnen waren im 1. Praktikum auf der medizinischen Abteilung tätig. Es war keine Akutmedizin, sondern mehr ein kleines Pflegeheim mit sehr vielen älteren Schwerkranken. Die Sterblichkeitsrate oder die „Abgänge", wie man damals sagte, waren relativ hoch.

Eines Abends – wir hatten alle schon viel länger gearbeitet als üblich – verstarb eine Patientin. Wir zwei Schülerinnen durften sie schön herrichten. Das hieß, alles entfernen, was nicht zu ihr gehörte, das Bett frisch machen, die Prothese in den Mund geben und den Kiefer mit einer Gazebinde festbinden. Damals wurden noch alle Prothesen im Spiegelschrank in einem Zahnglas aufbewahrt. Die Fächer waren angeschrieben mit „Fenster Rechts, Mitte oder Türe", genau so, wie das Bett des jeweiligen Patienten im Raum stand. Die Schülerin, die auf der Nachbarstation arbeitete, kam uns zu Hilfe. Ich sagte: „Bringe uns doch bitte noch die Zähne von Frau W."

Wir legten nun die obere und untere Prothese der Verstorbenen in den Mund. Anschließend verabschiedeten wir uns von der Abteilungsschwester und meldeten, es sei alles in Ordnung. Die verstorbene Patientin könne, wenn die Angehörigen da gewesen seien, in die Pathologie gebracht werden.

Am nächsten Morgen habe ich meinen Patienten vor dem Frühstück die Zahnprothesen verteilt. Als Frau E. ihre Zähne in den Mund nahm, passten sie einfach nicht so recht. Sie sagte: „Das sind nicht meine Zähne." Ich erschrak fürchterlich und probierte es selber bei ihr aus. Es stimmte leider... Ich habe die Patientin beruhigt und versprach ihr, ich werde ihre Zähne schon finden. Weil ich zu lange nicht mehr kam, hat sie ihr „Weggli" ohne Zahnprothese gegessen.

In der Zwischenzeit habe ich gefragt, von wo meine Kollegin die Prothese weggenommen hatte, und hoffte, die vermisste Prothese von Frau E. dort zu finden. Zu dritt haben wir nachgeschaut – doch da war nichts. Uns wurde bange, als wir begriffen, dass wir der verstorbenen Patientin die falschen Zähne in den Mund gelegt hatten... Was sollten wir jetzt machen; das war doch ganz schlimm, und neue Zähne sind ja so teuer. Wir hatten wirklich große Angst, unsere Lehrstelle sei gefährdet, oder zumindest müssten wir die Prothese selber bezahlen.

Es gab nur eins: Wir mussten die Zahnprothese wieder zurückholen. Wir wussten ja, wo sie sich befand. Die Frage war nur:

Wann ist der günstigste Zeitpunkt dafür? Es sollte uns ja niemand dabei erwischen. Es gab nur eine Möglichkeit – während des Mittagessens der Klosterfrauen. Da wir zur selben Zeit selber Zimmerstunde hatten, sollte es gut möglich sein.

So sind wir mit sehr schlechtem Gewissen zur Tat geschritten. Wir fragten uns schon, ob das nicht „Leichenschänderei" oder eine Störung der Totenruhe sei. Doch wir hatten keine andere Wahl. Die Aufgaben wurden nun verteilt: Ich musste an der Türe zum Leichenhaus Wache stehen und sofort melden, sollte jemand kommen. Meine beiden Kolleginnen sind mit Handschuhen bekleidet recht beherzt ans Werk gegangen. Immer wieder habe ich mich vergewissert, ob es klappte. Es war für die beiden sehr schwierig, den Mund der verstorbenen Frau zu öffnen, weil die Totenstarre schon eingetreten war. Ich habe an der Türe Blut geschwitzt und Gott angefleht, dass die Aktion gelingen möge. Endlich hatten es die beiden geschafft. Jetzt nichts wie fort von hier!

Auf der Abteilung haben wir die Zähne mit Lisoform, einem starken Desinfektionsmittel, gebürstet und gereinigt. Jetzt war es an mir, der Patientin die Zähne zu bringen. Dass ich allen Mut gebraucht habe, um auch das noch durchzustehen, ist klar. Ich sagte: „Frau E., ich habe Ihre Prothese endlich gefunden". Sie fragte: „Wo?" Ich erwiderte: „Sie ist aus Versehen am falschen Ort aufbewahrt worden." – Hat ja leider auch gestimmt." „Es tut mir sehr leid, dass Sie so lange ohne die Zahnprothese auskommen mussten." Die Patientin hat die Zähne in den Mund gesteckt und gesagt, dass sie passen. Mir lief ein Schauer über den Rücken, als sie wie beiläufig erwähnte: „Wissen Sie, ich hatte schon Angst, Sie hätten sie Frau M. – das war die Verstorbene – in den Mund gelegt." Ich sagte: „Nein, nein, sicher nicht, sonst wären sie ja jetzt nicht hier." – Soll mir jemand sagen, man komme ohne Notlügen durchs Leben, dem glaube ich ganz bestimmt kein Wort. Also

die ganze Sache blieb ein Geheimnis, wir haben alle drei dicht-
gehalten.

Viel später – wir feierten „10-Jahres-Diplomierung" – und haben in fröhlicher Runde Erfahrungen ausgetauscht. Plötzlich waren wir in unseren Erinnerungen in der Lehrzeit als kleine Schülerinnen angekommen. Ich saß neben meiner Kollegin und fragte:
„Erinnerst du dich noch an unser Drama mit der vertauschten
Prothese?" Wir haben beide laut gelacht. Sie meinte, ich solle es
doch erzählen… Die Erzählung löste Betroffenheit, unglaubliches
Erstaunen und zum Glück auch Gelächter aus. Die Schulschwester
war ganz entsetzt und fragte, warum wir nicht zu ihr gekommen
seien, die Kosten hätte doch die Haftpflichtversicherung übernommen. Leider haben wir das damals nicht gewusst.

Es sind immer wieder einmal Fehler passiert, z. B. im Stress, bei
einem Krankenbericht oder beim Schichtwechsel. Was mir dabei
auffällt, ist die steigende Angst der Kranken vor unseren Fehlern.
Da höre ich heute viel mehr Aussagen wie: „Aber hoffentlich operieren Sie mich auf der richtigen Seite!" „Hoffentlich amputieren
Sie mir das richtige Bein!" Oder: „Sind auch alle orientiert, dass
ich diverse Allergien habe?" Oder: „Schwester, ist es sicher, dass
der Chef selber operiert?" Wollte ich wissen, wovor sie eigentlich
Angst hätten, war immer wieder dasselbe Muster da: Es ist die
Angst des völligen „Sich-Ausliefern", des „Geschehen-Lassen-
Müssens".

Ich denke, der heutige Patient ist viel selbstbewusster und besser
darüber orientiert, was mit ihm geschieht, wenn er sich zwangsläufig ausliefern muss. Obwohl der Kranke vor jedem Eingriff
und jeder Untersuchung darüber aufgeklärt wird, was mit ihm
passiert und wo die Risiken liegen, ist die Angst da. Auch wenn er
es verstandesmäßig begriffen hat, ist das beunruhigende Gefühl

der Patienten immer noch spürbar. Nicht umsonst werden den Patienten vorher Beruhigungsmittel verabreicht. Medien, Bücher, Zeitungen und Fernsehen tragen viel zur Sicherheit, doch ebenso viel auch zur Beunruhigung bei. In vielen Sendungen werden neben Erfolgserlebnissen auch Fehler aufgezeigt und mit Patienten darüber gesprochen, was nicht gerade gut lief und was hätte eventuell vermieden werden können.

Ich glaube, die Angst, etwas falsch zu machen, etwas Wichtiges zu vergessen oder etwas nicht frühzeitig zu erkennen, gab es schon immer und wird weiter existieren. Angst macht uns vorsichtiger, aufmerksamer. Sie erinnert uns daran, dass wir Verantwortung übernommen haben und unser Bestes geben sollen. Wir haben es mit Menschen und nicht mit Gegenständen zu tun. Wenn auch nur ein kleiner Fehler passiert, hat es Konsequenzen für den betroffenen Patienten. In einem solchen Fall nützt es dem Patienten wenig, wenn man ihm sagt: „Oh, das ist schon lange nicht mehr vorgekommen, Sie sind einer von hundert Patienten, dem das widerfahren ist. Es tut uns leid." Dem Patienten ist jedoch das Missgeschick mit der ganzen Konsequenz widerfahren. Er trägt das Risiko.

Wenn ich heute solche Ängste spüre oder wenn sie sogar ausgesprochen werden, sage ich den Kranken immer, dass ich diese Ängste auch kenne; dass ich aus eigener Erfahrung wisse, wie das sei, wenn man sich operieren lassen müsse. Dann erinnere ich die Patienten daran, dass sie es waren, die den Arzt und den Operateur auswählten, und sie sollen nun seinen Fähigkeiten vertrauen. Das sei ganz wichtig für das spätere Gelingen. Vertrauen haben in die Ärzte und Vertrauen in das Pflegepersonal oder in die Anästhesie ist notwendig, passiert doch immer wieder etwas. Bei ängstlichen Patienten eher noch häufiger!

Heute wird alles Menschenmögliche unternommen, damit keine Verwechslungen vorkommen können. Alles wird mehr als einmal kontrolliert, aufgeschrieben und protokolliert. Wenn trotz aller Vorsicht doch etwas passiert, wird der Sache auf den Grund gegangen, damit dasselbe nicht mehr vorkommt. Es gibt heute Protokolle, die ausgefüllt werden müssen, darauf steht z. B., wie sich der Zwischenfall ereignet hat und wer daran beteiligt war. Anhand des Protokolls wird analysiert, wieso es zu diesem Unfall oder Zwischenfall kommen konnte. Ich nenne ein Beispiel: Wenn ein Patient aus dem Bett herausgefallen ist und sich verletzt hat, muss ein Sturzprotokoll ausgefüllt werden.

Wie ich Hebamme wurde

Am 4. Juli 1962 wurde mit meiner Hilfe Bruno geboren. Ein strammer Junge, 4800 g schwer und mein ganzer Stolz. Bruno galt mit diesem Gewicht als *Bomber* und war das fünfte Kind von Fam. W. Dazu findet sich in meinem Tagebuch:

2./3. Juli 1962

Gegen Mitternacht wurde eine hochschwangere Frau eingeliefert. Sie hatte schon starke Wehen. Ich begleitete Frau W. sofort ins Gebärzimmer und half ihr beim Auskleiden. Ich hatte große Angst, dass es die Hebamme nicht mehr schaffte, rechtzeitig hier zu sein. Bei der Wöchnerin hatten schon die Presswehen eingesetzt, und die Hebamme wohnte außer Haus.

Bei der Kontrolle sah ich schon das Köpfchen des Kindes und läutete Sturm. Ich sagte der Frau, sie solle noch nicht pressen, bis die Hebamme da sei. Damals wusste ich noch nicht, dass man Presswehen nicht zurückhalten kann. Ich war ja noch so unerfahren und hatte erst wenige Geburten miterlebt. Mir blieb gar keine Zeit, um viel zu überlegen. Ich habe so gehandelt, wie mir beigebracht wurde. Der kleine Junge lag schon bei der Mutter auf dem Bett, und die Nabelschnur war abgeklemmt, als zum guten Glück die Hebamme doch noch eintraf.

Im Nachhinein war es eines meiner schönsten Erlebnisse als Lernschwester, und vor Angst gestorben bin ich auch nicht. Ich habe einmal mehr erfahren, dass, wenn man in einer ernsten Situation um Hilfe bittet, man diese Hilfe auch erhält und intuitiv das Richtige tut. Groß war meine Freude, als ich anschließend von der Mutter und der Hebamme gelobt wurde, ich hätte mich tapfer geschlagen.

In einem Gedicht versuchte ich später, diese schöne Erfahrung auszudrücken:

Die Frau liegt im Weh, ich bin ganz allein.
Der Hebamme pressiert's nicht, muss das so sein?
Ach, welch Angst, es ist zum Vergehn,
nur wer es erlebt hat, kann mich verstehn.

Was soll ich nur machen, ich armer Tropf?
Keine Zeit zu verlieren, schon kommt der Kopf.
Nun schnell zugegriffen, mir ist ganz flau,
da heißt es handeln, das Kind ist blau.

Ich schwing's an den Beinen in meiner Not,
ein einzig Gebet noch, es helfe uns Gott.
Da – endlich sein Schrei, ich bin ganz bewegt,
eine große Freude, das Kindlein lebt!

Tetanus in St. Gallen

Zu meiner Zeit waren der Starrkrampf und seine Komplikationen noch sehr gefürchtet. Viele Patienten sind daran gestorben. Bei uns auf der Intensiv-Station in St. Gallen lag eine junge Frau, die sich im Umgang mit Pferden und einer offenen Wunde mit diesem Erreger infiziert hatte. Obwohl die Wunde sofort gereinigt wurde, als die Patientin einige Tage später ins Spital kam, und man der Patientin Tetanus-Serum gespritzt hatte, kam bei ihr die Krankheit voll zum Ausbruch. Immer wieder hatte sie Krampfanfälle.

Ich sehe noch heute in meiner Erinnerung, wie die Patientin in ihrem Krampf den Rumpf nach vorne gestreckt hatte. Sie lag auf dem Rücken; er sah wie ein „Brückli" (Brücke) aus, so extrem hatte sie sich aufgebäumt. Man hörte die Knochen knacken, nur Arme und Beine waren davon nicht betroffen. Es war für alle schlimm mit anzusehen, was mit Frau A. geschah, und noch schlimmer war, dass wir in dieser akuten Phase fast nichts für sie tun konnten. Wir sind bei der Patientin geblieben, um darauf zu achten, dass sie sich nach Möglichkeit nicht verletzte, und um einfach bei ihr zu sein. Im Nachhinein ließ sich dann röntgenologisch feststellen, dass die Patientin in ihrem schweren Anfall doch Knochen gebrochen hatte.

Heute sieht man das Vollbild einer Starrkrampf-Erkrankung nur noch sehr selten. Zum Glück, denn es ist fürchterlich zum Miterleben. Die aktive Immunisierung mit Tetanus-Serum und die Schutzimpfungen schon im Kindesalter haben dazu beigetragen, dass es nicht mehr so weit kommen muss.

Frau A. hat die schwere Erkrankung überlebt. Sie wurde jedoch unberechenbar und aggressiv. Einmal, als ich ins Zimmer kam, flog mir ein volles Teeglas entgegen und zerschellte am Türpfosten. Ich konnte mich gerade noch zur rechten Zeit ducken. Auch beim Bettenmachen musste man immer auf der Hut sein, um keine Schläge oder Püffe zu erhalten.

Häufig habe ich ähnliche Wesensveränderungen erlebt. Auch sehr liebe Menschen können in der Krankheit verändert werden und eine ungewollt aggressive Phase durchleben. Die Angehörigen können meistens noch schlechter mit einer solchen Situation umgehen als wir. Sie sind verzweifelt und beteuern, dass ihre Liebsten vorher nicht so waren. Wir können sie jedoch trösten und mit ihnen hoffen, dass diese Phase schnell vorübergehen werde. Es braucht von allen Beteiligten viel Geduld und Einfühlungsvermögen, um die Kranken wieder in den Alltag und in die reale Wirklichkeit zu begleiten. Bei vielen Patienten, die eine aggressive Phase erleben, merkt man, dass es Angst ist, die sich so ausdrückt. Darum finde ich es enorm wichtig, dass man jeden Patienten, auch kleine Kinder, immer darüber informiert, was man mit ihnen macht, und auch die Gründe nennt. Bei bewusstlosen und im Koma liegenden Kranken ist dies nicht weniger wichtig. Es gibt ja heute genügend Beweise, dass Patienten in diesem Zustand viel mehr mitbekommen, als allgemein angenommen wird.

Ich habe meine spezielle Art, mit diesen Patienten umzugehen. Ich stelle mir dann vor, was ich gerne hätte, wenn ich selber auf dem Bett läge, total abhängig wäre und über keine Möglichkeiten verfügte, mich zu äußern und zu wehren. Beim Ein-fühlen in den Patienten habe ich viel schneller wahrgenommen, wo seine oder ihre Bedürfnisse liegen. Erst in einem langen Prozess, durch den ich all die Jahre gegangen bin, habe ich vom Mit-leiden zum Mit-fühlen gefunden. Ich musste lernen, mit belastenden Situationen umzugehen.

Der abgeschnittene Katheter

Einmal waren wir wieder im Männersaal beim Bettenmachen. Ein frisch operierter Patient saß am Lavabo und hatte sich gewaschen. „Jetzt will ich mich noch rasieren, und zwar nass, es ist wieder einmal nötig", meinte er. Er hat sich eingeseift und mit der Rasierklinge den Bart entfernt. Ich habe ihn darauf aufmerksam gemacht, dass er am Hals aufpassen solle, weil dort seine Infusion laufe. Der Kranke hatte einen so genannten *Jugolaris-Katheter*. Der Katheter steckte in der Halsvene, die „Jugolaris" heißt. So kann man über den Halskatheter alle benötigten Medikamente und zugleich Flüssigkeit zuführen.

Plötzlich rief Herr S. „Schwester, schauen Sie mal, ich bin nicht mehr angebunden an die Infusion. Ich kann mich wieder frei bewegen." Als ich den Verband löste, sah man, dass der Katheter bündig am Hals abgeschnitten war. Das größere Teilchen des Katheters hing am Infusionsschlauch und tropfte still vor sich hin. Es fehlte aber noch ein Stück. Wir suchten auf dem Boden und im Papierkorb. Es war nirgends zu finden. War es durch die Vene ins Gefäßsystem gerutscht? Der herbeigerufene Arzt meinte, wir sollten zur Sicherheit ein Thorax-Röntgen (Brustbild) machen lassen. Dem Patienten ging es gut. Er wollte selbst ins Röntgen laufen. Nach der Untersuchung seines Brustkorbes ist er noch friedlich einige Runden im Gang spaziert.

Etwa dreißig Minuten später kam der zuständige Arzt sehr aufgeregt auf die Abteilung und sagte, Herr S. müsse sich sofort ins Bett legen und ruhig verhalten. Er dürfe bis auf weiteres nicht mehr aufstehen. „Was ist passiert?", wollten wir alle wissen. Im Röntgenbild sehe man ganz gut das kleine fehlende Plastikteilchen, es läge nun in der Herzkammer, und da gehörte es wahrlich nicht hin. Die Aufregung war groß. Immer wieder kam ein Arzt, um nachzusehen, ob es dem Patienten auch wirklich gut ging. Niemand wusste im Moment, ob für den Patienten Gefahr bestand, ob sich das Teilchen in der Herzkammer weiterbewegte und dem Kranken Schaden zufügen konnte. Wir haben den Kreislauf von Herrn S. gut überwacht und ihn beobachtet. Es ging ihm gut, und er meinte, das mache doch nichts, er wolle wieder aufstehen. Es ist zum Glück weiter nichts passiert, und der Patient konnte entlassen werden.

Kommunikation

Kommunikation ist eine Kunst, die man im Verlauf eines Lebens langsam besser begreift. Ich habe gelernt, immer mehr in das Geheimnis der wahren Kommunikation einzudringen.

Es wurde mir klar, dass auch Kommunikation auf verschiedenen Ebenen stattfindet. Wir Menschen kommunizieren über unseren Körper, über die Körpersprache, über das Fühlen, Denken und Sprechen, oder wir kommunizieren telepathisch über die Träume, unsere Intuition oder Inspiration.

Wir sind uns wenig bewusst – wenigstens bei mir war es so –, wie und wann wir physisch kommunizieren. Schon unsere Art, mit welcher Stimmung, mit welcher Gesinnung wir ins Krankenzimmer treten, ist Kommunikation. Der Kranke spürt sofort, wie wir gestimmt sind; ob wir ihm in Liebe und Respekt begegnen oder ob wir nur einfach unsere Pflicht tun. Allein durch mein Erscheinen und ohne Worte werde ich von Mensch zu Mensch wahrgenommen. Wenn ich mit jemandem bewusst kommunizieren möchte, ist das eine Aktivität meinerseits. Es ist gut, wenn ich schon durch meine Haltung Bereitschaft und Ruhe signalisiere.

Zum Kommunizieren braucht es ein Gegenüber. Sprechen beide dieselbe Sprache, ist Kommunikation einfach. Man versteht sich. Ist es nicht möglich, in derselben Sprache zu sprechen, hat man die Möglichkeit, auf die Körpersprache oder Zeichensprache auszuweichen oder einen Dolmetscher zu rufen. Körper- und Zeichensprache sind jedoch wichtige Hilfsmittel. Sie sind immer und in jeder Situation anwendbar. Manchmal leiden Patienten an Wortfindungsstörungen, z. B. nach schweren Hirnverletzungen oder Schlaganfällen. Sie finden die richtigen Worte nicht mehr und können sehr erregt werden, wenn sie vom Gegenüber nicht verstanden werden.

Ich erinnere mich bei dieser Gelegenheit an Justi. Länger als sechs Wochen lag der junge Rekrut in Folge eines Verkehrsunfalls im Koma. Als er dann langsam wieder zu sprechen anfing, musste er fast alle Wörter und die dazu passenden Gegenstände neu lernen. Fachleute, so genannte „Logopäden", die speziell mit solchen Patienten arbeiten, gab es damals noch nicht.

Er wollte von uns immer „ein langes Ei". Als ich ihm ein Hühnerei brachte, hat er sich furchtbar aufgeregt und geschrien: „Nein!" Einmal hat er mir das gekochte Ei auf den Boden geworfen, als ich nochmals versucht habe, seinem Wunsch zu entsprechen. Es war sowieso schwierig, ihn zu verstehen. Sein Wortschatz entsprach dem eines zweijährigen Kindes. Er rief immer, er wolle ein langes Ei. Endlich fand er das Wort "gelb" wieder.

Er wollte also ein langes gelbes Ei. Jetzt erst wurde mir klar, dass er eine „Banane" meinen könnte. Er grinste mich ganz glücklich an, als ich ihm endlich die heißersehnte Banane brachte. Nun hat ja eine Banane kein einem Ei ähnliches Aussehen. Justi fand das Wort „gelb" nicht mehr und wollte uns über das Ei, das ja innen gelb ist, diese Farbe signalisieren.

Er hat im Verlaufe seiner Rekonvaleszenz noch einige Bananen verzehrt. Alle seine Verwandten haben ihm liebend gerne „lange Eier" ins Krankenhaus gebracht. Heute wäre ich sicher viel schneller darauf gekommen, was Justus meinte. Darum sprach ich schon am Anfang von der Kommunikation als Kunst, die man erlernen kann.

Drogenpatienten

Eine neue Art von Patienten hat uns stark gefordert und ein Umdenken von allen verlangt. Wir waren ja schon einiges gewohnt im Umgang mit Alkoholikern. Auch hier mussten wir vieles in Kauf nehmen und uns bewusst sein, dass diese Patienten schwer krank waren und wir kein angepasstes Verhalten und schon gar nicht ein Befolgen der Vorschriften und Bestimmungen von ihnen verlangen konnten.

Im Gegensatz zu den Drogenpatienten gab es damals allerdings gute Medikamente, die die Suchtkranken ruhigstellten und verhinderten, dass die alkoholabhängigen Kranken Entzugserscheinungen aufwiesen. Kurz gesagt, mit den Alkoholikern konnte man umgehen, man hatte es mehr oder weniger im Griff. Nicht so mit "Drögeler". Diese, meist junge Leute, waren anders. Sie konnten lieb und fröhlich sein, solange sie ihren Stoff hatten. War aber die Zeit um und sie sollten wieder ihr Heroin bekommen, wurden sie sehr unruhig und aggressiv. Vor allem auf der Nachtwache war es sehr schlimm. Da tigerten sie unruhig im Gang umher und wollten unbedingt ihren Stoff haben. Diese Unruhe war fast nicht auszuhalten. Mehr als einmal habe ich erlebt, wenn sie Entzugserscheinungen hatten. Das war zum Fürchten.

In diesen Situationen habe ich große Ängste ausgestanden. Der flackernde Blick in ihren Augen, ihr lautes Fordern, das aggressive Verhalten und der Umstand, dass sie durch nichts zu beruhigen waren, haben mich und alle anderen in ohnmächtige Verzweiflung gestürzt. Damals gab es noch kein Methadon. Wir versuchten, die Patienten mit den herkömmlichen Beruhigungsmitteln ruhigzustellen. Aber wenn sie auf Entzug waren, hat alles nichts genützt. Viele Patienten sind vom Spital abgehauen, um in der Stadt Stoff zu besorgen, oder sie haben sich die Drogen von Freunden bringen lassen.

Zum Glück wurde der Umgang mit diesen Patienten von der Chefärzte-Konferenz geregelt. Diese Patienten sollten korrekt, sachgerecht und sorgfältig behandelt werden, wie alle anderen auch. Das Spital musste drogenfrei bleiben. Das Herumlungern und der Handel mit Drogen waren streng verboten; bei Diebstählen und Tätlichkeiten, die es leider auch gab, mussten wir die Polizei anfordern. Die Sicherung der Medikamentenschränke wurde notwendig, weil zu dieser Zeit auch immer wieder Medikamente gestohlen wurden, allen voran Rohypnol-Tabletten. Diese konnten auf der Straße für gutes Geld verkauft werden. Trotz dieser Vorschriften war es sehr schwierig, diese Maßnahmen durchzusetzen. Wir konnten den Drogenhandel im Spital nie ganz verhindern.

Da hatten wir ja auch ein akut menschliches Problem. Diese Patienten kamen meistens mit großen Spritzen-Abszessen zu uns, auch Eiter und eitrige Wunden waren an der Tagesordnung. Damals lebten diese Suchtkranken noch auf der Gasse als Randgruppen und Ausgestoßene. Man bedenke, es gab noch kein „Essen auf Rädern" und schon gar kein „Fixerstübli". So hat man die Bedürftigen bei schlechtem Wetter und in der Kälte doch im Spital behalten.

Wurden sie laut Vorschrift vom Spital verwiesen, weil sie Drogen konsumiert hatten, so waren sie nach kurzer Zeit wieder da, mit neuen und alten verschmutzten Wunden. So haben wir immer wieder Abszesse verbunden und den Drogenkranken jene Pflege und Zuwendung gegeben, deren sie dringend bedurften. Die Süchtigen waren eine Schicksalsgemeinschaft, sie haben zusammengehalten wie Pech und Schwefel. Befand sich einer von ihnen im Spital, so funktionierte das Buschtelefon sofort. Rund um die Uhr haben diese Patienten Besuch von ihren Kumpeln und Genossen erhalten. Bei diesen Gelegenheiten wurden sie mit Stoff versorgt. Bei den Kontrollen, die wir manchmal machen mussten, fanden wir das Gift an den unmöglichsten Orten versteckt.

Die Drogenpatienten waren meistens sehr unordentlich gekleidet, verwahrlost und ungepflegt. Das ist nicht anders möglich, wenn man gezwungen ist, auf der Straße zu leben. Auffällig war, dass im Winter, wenn es draußen kalt war, zunehmend mehr Drogenkranke das Spital aufsuchten. Bei uns hatten sie wenigstens ein Bett und warmes Essen.

Die septische Chirurgie war zeitweise die reinste Drogenstation. Diese Kranken sorgten dauernd für Aufregung und Chaos. Zur Arztvisite mussten wir sie öfters im ganzen Spital suchen. Die schlimmen eitrigen Wunden heilten manchmal sehr schlecht und waren schnell wieder von neuem infiziert. Mehr als einmal habe ich beobachtet, dass die Kranken die Wunde bewusst verunreinigt haben oder wiederholt aufkratzten, damit es ja nicht besser werden konnte und sie noch im Spital bleiben durften. Welche Verzweiflung musste sie zu dieser Tat zwingen? Was war einfacher zu ertragen? Die Schmerzen oder die Kälte auf der Straße? Dass diese These stimmte, hat sich im Sommer bestätigt. Da gab es viel weniger Abszesse, und hatte es wieder mal einen erwischt, konnte der Drogensüchtige nicht schnell genug das Spital verlassen, um auf der Gasse im Kreis der Gleichgesinnten eine lauschige Sommernacht zu verbringen.

Heute haben wir keine Probleme mehr mit Drogenpatienten. Die Ersatzdroge Methadon macht sie zu unauffälligen Mitpatienten. Wegen der sterilen Bedingungen beim Spritzen im Fixerstübli sind auch die Spritzenabszesse zurückgegangen. Das obdachlose Leben auf der Gasse ist sehr selten geworden. Schlafstellen, die Süchtige heute für wenig Geld benützen können, haben zur Besserung beigetragen.

Aids – Die neue Krankheit

In den achtziger Jahren begann eine neue, tödliche Krankheit Angst und Schrecken zu verbreiten und das Gesundheitswesen zu fordern. Wir wussten zuerst gar nicht, wie mit diesen Kranken umzugehen war.

Aids-Patienten hat man am Anfang wie Infektionskranke behandelt, das hieß Einzelzimmer, Isolation, Behandlung nur mit Handschuhen, Mundschutz und Mantel. Da die Ansteckungswege noch zu wenig bekannt waren und ja alle um den tödlichen Ausgang dieser Krankheit wussten, war unter Pflegenden und Ärzten die Angst vor Ansteckung immer mehr oder weniger präsent. Es war eine neue Art von Erkrankten mit Aids-spezifischen Besonderheiten. Die ersten Patienten, meist junge Menschen, berührten Tabu-Bereiche wie Sucht, Drogen, Homosexualität und Untreue. Das zentrale Thema war für sie alle aber die Angst.

Ein Aids-Kranker hat einmal den Satz ausgesprochen: „Ich habe Angst vor eurer Angst." Die Angst der Betroffenen war da bei jeder Erkältung, bei jedem blauen Fleck, bei jedem Durchfall, bei jedem kleinen Abszess und vor jeder Laborkontrolle.

Ganz schlimm für die Betroffenen war das Wissen um die Krankheit. HIV-positiv zu sein, wurde als Stigma erlebt. Man war gezeichnet und gefährlich für die Gesunden. Viele Kranke haben einen HIV-Test abgelehnt, weil sie mit dem Wissen, HIV-positiv zu sein, nicht leben wollten und konnten.

Wir alle, die mit diesen Kranken zu tun hatten, waren und sind immer wieder gefordert, über den eigenen Tod nachzudenken: Sich vorzustellen, wie es uns ergehen würde, wenn wir diese Krankheit hätten? Man wurde gezwungen, seine Haltung gegenüber Sucht und Homosexualität zu überprüfen: Verurteile ich? Diskriminiere ich? Bin ich ehrlich den Betroffenen gegenüber? Lasse ich meine Gefühle zu? Kenne ich meine Grenzen? Da war nicht nur die Angst vor der Ansteckung. Noch schlimmer habe ich die Ohnmacht gegenüber dem Krankheitsprozess empfunden. Zuschauen zu müssen, wie ein junger hübscher Körper zerfällt. Nichts mehr machen zu können, was konkret zur Heilung führt. Das langsame Sterben musste von allen akzeptiert werden – und das war nicht leicht.

Übergänge zur Sterbebegleitung

Meine neue Lebensaufgabe – Menschen in den Tod zu begleiten

Als Krankenschwester habe ich viele Menschen sterben sehen. Immer habe ich spüren dürfen, dass da „etwas Großes" geschieht. Ich hatte dabei aber auch Furcht vor dem Unbekannten…

Vor mehr als fünfzehn Jahren durfte ich ETWAS erleben, das ich hier erzählen möchte. Ein älterer Patient lag im Sterben. Er hatte große Mühe mit dem Atmen und erstickte beinahe. Ein Arzt und eine junge Krankenschwester betreuten ihn. Ich stand still daneben – im Gebet versunken: „Gott, nimm seine Seele auf in Dein Licht. Lasse ihn erkennen, was jetzt mit ihm geschieht. Hilf ihm, dass er loslassen kann." Plötzlich nahm ich mit Erstaunen wahr, wie sich das ganze Zimmer veränderte: Es wurde hell und strahlend farbig. Ich ringe darum, die passenden Worte zu finden, um diesen Glanz zu beschreiben.

Ich finde immer noch nicht die richtigen Worte, um dieses Leuchten auszudrücken. Ein wundervoll starkes Gefühl von Liebe, Annahme, Glückseligkeit und Gottes Nähe erfasste mich. Ich wollte mitgehen in dieses Licht, zu dieser Liebe, denn eine starke Sehnsucht nach Zuhause – nach Gott – hatte mich tief ergriffen. Mich überkam das Bedürfnis, auch heimgehen zu wollen.

Dann sah ich von oben – aus einer veränderten Perspektive heraus – den nach Luft ringenden und zuckenden Körper. Ich beobachtete, wie sich etwas aus der materiellen Hülle des Körpers befreite. Danach lag nur noch die leblose Hülle auf dem Bett. „Das wahre Sein" hatte sich vom Körper gelöst und war ins Licht hinübergegangen.

Die junge Krankenschwester weinte, sie war traurig. Ich nahm sie in die Arme, um sie zu trösten. Sie fragte: „Erica, bist du denn nicht traurig, wenn du einem Patienten nicht mehr helfen kannst, und er stirbt?" Ich antwortete ihr: „Doch, bis heute war ich auch immer traurig. Doch soeben durfte ich erfahren, was wirklich vor sich geht, wenn ein Mensch sein Dasein wechselt. Und dies macht mich – mit ihm und für ihn – so glücklich." Sie konnte meine Euphorie natürlich nicht verstehen. Ich denke, dass ich dies alles erfahren habe, um es selber zu verstehen, und nicht, um verstanden zu werden.

Seit diesem Erlebnis hat sich in mir vieles geändert. Eine traurige, belastende Situation, die seit meiner Jugend da war, wurde zur schönsten Erfahrung meines Lebens: Ich habe meine Furcht vor dem Tod weitgehend überwunden. Der Schimmer einer „höheren Wirklichkeit" als der uns vertrauten Wirklichkeit hat mich ganzheitlich erfasst und tief geprägt. Ich freue mich auf meinen Übergang, dann – wenn meine Seele bereit ist, zu ihrem Schöpfer heimzukehren.

Wir treten aus dem Schatten
bald in ein helles Licht.
Wir treten durch den Vorhang
vor Gottes Angesicht.

Wir legen ab die Bürde
das müde Erdenkleid.
Sind fertig mit den Sorgen
und mit dem letzten Leid.

Wir treten aus dem Dunkel
nun in ein helles Licht.
Warum wir's Sterben nennen?
Ich weiß es nicht.

DIETRICH BONHOEFFER

Erfahrene Wahrheit am Krankenbett

In diesem Bereich hat sich zum Glück für alle Betroffenen einiges
zum Besseren gewendet. Hat man früher oft Diagnosen verschö-
nert oder gar nicht mitgeteilt, nur zum *Schutze der Patienten*,
versteht sich, so spricht man heute die Diagnose aus. „Es tut mir
leid, Ihnen sagen zu müssen, Sie haben Krebs." Diese Worte stehen
im Raum.

Ganz klar und offen wird dem Kranken die Diagnose mitgeteilt.
Viele Male stand ich am Krankenbett und war mit dabei, wenn
dieser Schock den Patienten traf. Ehrlichkeit ist sicher viel besser
als das Verschweigen von Tatsachen. Es braucht jedoch viel Einfühlungsvermögen von Seiten des Arztes. Ich habe noch keinen

Doktor erlebt, der nicht Mühe hatte in dieser Situation. Die erste Reaktion von den Patienten ist meistens die bange Frage: „Muss ich jetzt sterben?" Doch gibt es darauf sicher keine absolute Antwort; denn selbst bei schwierigsten Prognosen ist immer noch Hoffnung da – dass sie auch bis zum Ende da sein sollte, habe ich öfters erfahren.

Früher, als die Diagnose noch am Krankenbett und auf der Visite ausgesprochen wurde, wollten die Kranken vielmals nicht, dass man es den Angehörigen auch mitteilte. „Sagen Sie meiner Frau/ meinem Mann ja nichts davon, er/sie würden es nicht verkraften", so hieß es häufig. Über den Tod wurde nicht offen gesprochen, und dadurch wurden vielmals den Todkranken falsche Hoffnungen gemacht. Es war nicht leicht, in dieser Situation zu pflegen. Der Kranke wusste mit der Zeit, dass er nicht mehr gesund werden würde. Er hat es aber vor seinen Lieben nicht ausgesprochen, weil er ihnen nicht wehtun wollte.

Ich erinnere mich an einen jungen Familienvater, um nur ein Beispiel zu nennen, der einmal folgende Worte sprach: „Schwester Erica, wissen Sie, ich fühle, wie es um mich steht, ich werde nicht mehr gesund. Ich bringe es nur nicht fertig, meiner Frau zu sagen, dass ich bald sterben werde. Sagen Sie meiner Frau ja nicht, dass ich sterben muss. Es ist so schon schwer genug – für sie und die Kinder." Ja, und so hat der Todkranke, immer wenn seine Frau und die Kinder zu Besuch kamen, allen Hoffnung gemacht und genau das gesagt, was sie hören wollten: „Habt keine Angst, ich werde schon wieder gesund."

Später hat mir die Frau in einem Gespräch anvertraut: „Schwester, ich weiß, dass mein Mann sterben muss. Ich fühle es. Ich möchte aber nicht, dass er es merkt. Ich will ihm doch das letzte Fünkchen Hoffnung nicht nehmen, ich liebe ihn so sehr. Sagen sie bitte meinem Mann nichts davon, dass ich es ahne."

So haben diese sich liebenden Ehepartner, jeder dem anderen, eine falsche Wirklichkeit vorgemacht und dabei verpasst, miteinander zu sprechen, letzte Zeichen der Liebe auszutauschen, letzte Wünsche zu äußern, um bewusst Abschied nehmen zu können. Es war keine gegenseitige Bejahung und Akzeptanz des Todes da – bis zum bitteren Ende. Ich wähle bewusst diese Worte, denn in dieser Situation habe ich das Ende als bitter erfahren. Jeder hat den Schmerz des Verlustes und des Abschieds tapfer vor dem anderen verborgen, und das nur, weil keiner von beiden dem Partner wehtun wollte.

Heute geht man bewusster mit dem Tod um. Elisabeth Kübler-Ross hat auf diesem Gebiet Pionierarbeit geleistet, indem sie das Verhalten der Schwerkranken studiert und analysiert hat. In ihrem Buch „Interviews mit Sterbenden" beschreibt sie die verschiedenen Phasen, die ein sterbender Mensch meist durchläuft. Jetzt können wir Pflegenden besser mit den sich stellenden Situationen umgehen.

Nachtwache

Du hast den Morgen
und die Nacht gesehen,
und die Nacht war besser.
In der Nacht haben die Dinge
ihren Anfang genommen,
und in der Nacht ist das Ende der Dinge
mir vor Augen getreten.

(AUTOR UNBEKANNT)

Dieses Gedicht drückt treffend aus, was man auf der Nachtwache alles erleben kann. In der Stille der Nacht ereignen sich viele
Dinge, die in der Hektik des Tages gar nicht wahrzunehmen sind.

Es gab viele unruhige Nächte, in denen man fast nicht wusste,
was als Erstes erledigt sein sollte, was Priorität hatte. Ich erinnere mich, dass ich als unerfahrene Schwester die Nachtwache als
Belastung empfunden habe und dieser Dienst auch mit Angst
verbunden war. In der Nacht ist die Verantwortung viel größer.
Man muss Entscheidungen selbstständig treffen und kann die
Kolleginnen viel weniger um Rat fragen.

Öfters war ich alleine auf der Nachtwache eingeteilt und hatte
mehr als ein Stockwerk zu betreuen. Es gab zwar eine Schwesternhilfe, doch da sie auch auf anderen Abteilungen zu helfen
hatte, war sie meistens irgendwo unterwegs. Alle zwei Stunden
war ein Rundgang bei den Patienten angesagt. Bei dieser Runde
wurde bei allen Kranken nachgeschaut, kontrolliert, getröstet,
Spritzen gegeben, Flaschen geleert, Schlafmedikamente verteilt

oder Infusionen umgehängt, um nur einige Arbeiten zu nennen. Manchmal habe ich einen Schrecken bekommen, wenn z. B. ein Patient auf dem Boden lag oder sich eine Patientin selber Katheter und Schläuche entfernt hatte.

Einmal konnte ich einen Patienten nirgends finden. Ich habe ihn verzweifelt gesucht und auf allen Abteilungen nachgefragt, ob jemand ihn gesehen hätte. Der Mann war einfach nicht auffindbar! Ich weckte den Nachtarzt, um nachzufragen, was ich machen solle. Da läutete das Telefon: Es war der Wirt vom nahe gelegenen Restaurant. Er fragte mich, ob ich nicht einen Patienten vermisse. Er sei bei ihm eingetroffen, barfuss, im offenen Flügelhemd, und er wolle ein Bier. Man bedenke – es war Februar, mit Minus-Graden, um 23 Uhr.

Das Hotel lag etwa zweihundertfünfzig Meter vom Spital entfernt. Während der Arzt auf meine Patienten aufpasste, holte ich, mit Morgenrock und Hausschuhen ausgerüstet, meinen Ausreißer zurück. Es war sehr kalt draußen, und wir hatten eine Hauptstraße zu überqueren. Ich sehe mich noch heute in dieser Situation, wie wir zwei, Arm in Arm, ins Spital zurückpilgerten. Er mit Flügelhemd, Morgenrock und Pantoffeln, ich in der Schwesternuniform und nur mit einem leichten Wolljäckchen darüber. Der Patient war guten Mutes und hat mir erzählt, er habe so großen Durst nach einem Bier gehabt, dass er es einfach nicht mehr ausgehalten habe. Der Wirt habe ihm ein Bier gegeben, und jetzt sei alles wieder gut. Zum Glück für alle Beteiligten ist dem Kranken nichts Schlimmes passiert. Der Ausreißer wurde vom Arzt eindringlich ermahnt, solche Touren in Zukunft zu unterlassen.

Für mich hatte die ganze Sache später ein lustiges Nachspiel. Die Geschichte wurde am Stammtisch herumerzählt, und zu Fastnacht diente diese Begebenheit als Thema für einen Wagen. So konnten meine Freunde und ich diese Szene am Fastnachtsumzug nochmals beobachten; eine Krankenschwester und ein Patient mit Flügelhemd waren als Karikaturen zu sehen. Im Hintergrund sah man das Restaurant, und auf einem großen Plakat stand: „Kriegst du im Spital kein Bier, hole es dir selber, hier!" Eine gute Werbung für das Wirtshaus.

Alle Pflegenden und die Ärzte sind sich bewusst, dass es im Überwachungssystem Lücken gibt und die Kranken nicht rund um die Uhr beobachtet werden können. Immer wieder kam und kommt es zu Situationen, die unberechenbar sind und in denen sehr schnell gehandelt werden muss. Deshalb und vor allem zur besseren Überwachung entstanden die Aufwach- und Intensivstationen. Wurde früher bei größeren Operationen, die nach dem Eingriff eine intensivere Überwachung benötigten, eine Sitzwache aufgeboten, so werden heute diese Patienten auf die Intensivstation verlegt.

Früher, als Teilzeitkrankenschwester, wurde ich oft vom Kantonsspital aus angerufen und gefragt, ob ich eine Sitzwache übernehmen könne. Da saß oder stand ich während zehn Stunden am Krankenbett und war verantwortlich für diesen einen Patienten. Meistens waren es sehr unruhige Kranke oder solche Patienten, für die dauernd Spülungen gemacht, gemessen, gespritzt, bilanziert und aufgeschrieben werden sollte.

Manchmal gab es aber auf der Nachtwache auch eine Zeit, in der alle Patienten ruhig in ihren Betten schliefen und wir uns etwas entspannen konnten. Die meisten Schwestern haben gestrickt, gelesen oder Kreuzworträtsel gelöst. Einmal, so erinnere ich mich, war es auf der Nachtwache sehr lustig. Es war um die Fastnachtszeit. Ich kam auf die glorreiche Idee, im langen Spitalkorridor Curling zu spielen. Das ging so: Im Medikamentenkasten horteten wir eingelegte Seifenreste. Diese brauchten wir zur Decubitus-Pflege (Pflege beim Wundliegen), jetzt dienten sie uns als Wurfgeschosse. In der Mitte des Ganges wartete ein umgestülpter Chromstahl-Nachttopf als Zielscheibe. Nun sollte aus einiger Entfernung der Topf getroffen werden. Herrlich, wie die schlüpfrigen Seifen über den blank polierten Boden schlitterten! Das war eine Gaudi, wenn wir einen Treffer verbuchen konnten. Leider zeugten am Morgen einige Striche auf dem Boden von unserem Blödsinn, so dass die Putzfrau sich erkundigte, ob wir in der Nacht so viele Betten verschoben hätten…

Ich frage mich, wieso ich mich so gerne an die lustigen Sachen erinnere, die auf der Nachtwache passiert sind. Ich habe es wohl schon einmal erwähnt, ich brauche beides – das Lachen und das Weinen. Ich ertrage nur ein gewisses Maß an Traurigkeit, und wenn das Maß voll ist, muss ich einfach lachen oder weinen. Es ist dann so, als wenn sich eine innere Spannung löst.

Die Nacht hat eine andere Qualität als der Tag. In der Stille der Nacht erfahre ich die Ereignisse viel intensiver und tiefer. Sicher auch deshalb, weil alle fünf Sinne wach und meine "Antennen" ausgefahren sind. In der Nacht kommt es öfter zu interessanten Gesprächen mit Kranken, die nicht schlafen können, Angst haben oder sich einsam fühlen. In der Stille der Nacht kommt man sich menschlich näher als in der Hetze des Alltags. In der Nachtruhe findet vermehrt wahre Kommunikation statt.

Auch viele Patienten sterben in der Nacht, speziell im Morgengrauen. Wieso das so ist, weiß ich nicht.

Der Umgang mit der Angst

Bevor ich aufzeigen möchte, was ich alles mit angstvollen Situationen erlebt habe, muss ich erwähnen, dass die Angst immer auch eine große seelische Herausforderung für mich war.

Ich erinnere mich, als ich an einem Sonntag auf der Intensivstation Dienst hatte und die Narkosepfleger und die diensthabenden Ärzte am Operieren waren, also unmöglich ihre Arbeit unterbrechen konnten. Ich wurde gerufen, um die verunglückten Patienten mit der Ambulanz abzuholen. Zwei Autos seien zusammengestoßen und ineinander verkeilt, so die Meldung von der Polizei. Diese war schon vor Ort. Mit Blaulicht und Sirene sind wir zur Unfallstelle gefahren. Den ganzen Weg habe ich gebetet und Gott um Hilfe angefleht.

Ja, ich hatte große Angst, mit Herzklopfen und Pulsanstieg. Was werde ich an der Unfallstelle vorfinden? Mache ich alles richtig? Bin ich der Situation gewachsen? Ich fühlte mich verantwortlich. Der Chauffeur hatte viel Erfahrung und war die Ruhe selbst, aber nur als Samariter ausgebildet. Von weitem sahen wir schon, wie beide Autos brannten. Es war schockierend für mich. Zwei Polizisten waren mit dem Löschen beschäftigt, drei verletzte Menschen lagen am Straßenrand. Für eine Frau kam jede Hilfe zu spät, sie war schon tot. Ein Mann hat gestöhnt und über starke Schmerzen im Brustkorb geklagt, sicher hatte er Rippen gebrochen. Sein rechter Fuß war abgewinkelt und nach innen gerichtet. Jetzt war ich zum Handeln aufgerufen.

Mit Hilfe des Fahrers habe ich den Kranken erstversorgt, das heißt, das Bein geschient und den Patienten halb sitzend auf die Bahre gelegt. Der Polizist half dabei und hat den Verletzten betreut. Nun hatte ich Zeit, mich auch um das dritte Unfallopfer zu kümmern. Eine Passantin saß bei ihr am Straßenrand. Die total verstörte Frau hat wild weitergeschrien. Es drang durch Mark und Bein. Ich konnte sie kaum beruhigen. Ich habe alle Engel um Hilfe angefleht, dass der Notfallarzt es schafft, bei diesem Verkehrschaos schnell durchzukommen. Sie hatte einen schweren Schock erlitten; und so haben wir mit Bangen auf ärztliche Hilfe gewartet. Der Notarzt hatte größte Mühe, durch die verkehrsreiche, verstopfte Straße durchzukommen. Mein Gott, waren das lange, belastende Minuten, die ich nie vergessen habe. Ich konnte ja nicht viel tun in dieser schweren Situation. Eine Krankenschwester darf ohne ärztliche Verordnung kein Schmerz- oder Beruhigungsmittel verabreichen.

Endlich traf der Arzt ein. Die Autos waren in der Zwischenzeit gelöscht. Der schwerverletzte Patient bekam sofort eine Schmerzspritze, und der Chauffeur und ich konnten mit Blaulicht zur Notfallstation fahren. Der Arzt hat sich anschließend noch um die schreiende, schwer geschockte junge Frau gekümmert. Sie war die Tochter der an Ort und Stelle verstorbenen älteren Frau. Sie hatte alles mitbekommen, war jedoch unfähig, sich anders als durch Schreien auszudrücken.

Die Angst machende Aufgabe habe ich gemeistert oder bewältigt. Das heißt, ich habe mein Bestes gegeben, obwohl die Angst stark präsent war. Wie ist es möglich, dass man in Notsituationen richtig reagiert und handelt? Ich denke, es funktioniert einfach nur, wenn wir intuitiv machen, was uns eingegeben wird. Ich habe die Sache gemeistert, denken wir stolz, wenn wir etwas gut zu Ende gebracht haben. Nur wer war wirklich der Meister? Ist es nicht die göttliche Intelligenz in uns, die uns führt und zum richtigen Handeln anleitet?

Im Nachhinein habe ich mit dem Chefarzt gesprochen und ihm meine enormen Ängste bei diesem Einsatz geschildert. Ich habe auch gesagt, ich möchte nie, nie mehr zu einem schweren Verkehrsunfall ausrücken müssen, alleine, nur mit dem Fahrer des Krankenwagens. Der Chef hat die Situation erkannt, und ab sofort wurde ein zweiter Notfall-Dienst bereitgestellt. So war es von jetzt an besser organisiert, keine Krankenschwester musste mehr ausrücken, wenn der diensttuende Arzt verhindert war. Obwohl ich von allen liebevolles Verständnis bekam, in dieser Situation alles richtig gemacht zu haben, war dennoch mein Schock und meine Angst noch einige Tage und Nächte präsent. Damals gab es leider noch keine Supervision und kein Care-Team, die helfen konnten, solche Erlebnisse zu verarbeiten.

Notfallsituation Stichverletzung

Eine weitere Geschichte, die mit großer Angst verbunden war, möchte ich hier erzählen.

In der Mittagszeit, von 12 Uhr bis 14 Uhr, waren üblicherweise die Abteilungen mit wenigen Pflegenden besetzt. Die Essenszeiten mussten abgedeckt und Zimmerstunden eingezogen werden. Oft waren in diesen Zeiten auch noch Fortbildungen angesagt. In dieser Zeit kam vom Operationssaal telefonisch die Mitteilung, ob wir einen Notfall abholen könnten, es sei ein junger Patient mit einer Stichverletzung, so der Kurzrapport. Ich bin alleine mit dem Krankenbett in den OP-Saal gefahren, um den Patienten dort in Empfang zu nehmen. Die Krankenschwester-Schülerin musste in meiner Abwesenheit die Abteilung alleine hüten. Der Operationstrakt befand sich auf derselben Etage.

Von einem Arzt wurde ich über die Verletzung informiert: „Es sei eine von den gefährlichsten Stichverletzungen, die es überhaupt geben kann. Der Patient, ein junger Metzger, sei mit seinem großen Messer ausgerutscht, die Spitze des Messers sei ihm in seine rechte Leiste gedrungen und habe die Hauptarterie (Arteria femoralis) durchschnitten. Der Patient sei im schweren Schock eingeliefert worden und habe enorm viel Blut verloren. Drei Blutkonserven hatte er schon bekommen, und die vierte sei noch zu verabreichen. Die Arterie sei zugenäht, die massive Blutung konnte gestoppt werden. Zur Sicherheit sei ein Sandsack auf die Wunde gelegt worden. Ich solle den Kranken gut beobachten, das heißt, Puls und Blutdruckkontrolle viertelstündlich, und ganz wichtig sei, immer wieder nachzuschauen, ob die Wunde nicht nachblute. So weit der Rapport des Arztes.

Als ich im Patientenzimmer angekommen war und alles überprüft hatte, so wie der Arzt verordnet hatte, und ich sicher sein konnte, dass alles in Ordnung war, habe ich mich um das Administrative gekümmert, Nofallblätter ausgefüllt, Laborwerte eingetragen etc. Nach zehn Minuten hatte ich plötzlich das drängende Gefühl, wieder nach dem Kranken schauen zu müssen. Als ich die Bettdecke aufhob, um nach der Wunde zu sehen, war das ganze umliegende Bettzeug blutig rot. Ich habe den Sandsack leicht angehoben, um nachzusehen, und schon schoss ein hellroter Blutstrahl pulsierend nach oben. Sofort drückte ich mit beiden Händen auf die blutende Stelle. Es war klar, dass die Arterie wieder offen war. Ich wusste, dass die Situation sehr gefährlich war und habe laut um Hilfe gerufen. Ich konnte ja nicht mit der Patientenglocke läuten, weil ich mit beiden Händen die Leiste komprimieren musste. Der Kranke im Bett nebenan hat die Situation schnellstens erfasst, ist aufgestanden und hat im Gang Hilfe geholt. Ein Arzt war bald zur Stelle. Ich musste weiter auf die stark blutende Wunde drücken, und zusammen haben wir das

Bett mit dem Kranken wieder in den OP geschoben. Dort wurde alles Notwendige veranlasst. Es fand sofort eine Notoperation statt, die Arterie musste nochmals genäht werden.

Später, als der junge Mann wieder bei mir auf der Abteilung lag, hat er uns erzählt: „Wissen Sie, ich habe plötzlich husten müssen, und dann ist es so schön warm geworden in der Leiste. Ich wollte die Glocke betätigen, und dann weiß ich nichts mehr." Er meinte, er sei wohl ohnmächtig geworden.

Wer hat mich wohl zur richtigen Zeit in das Patientenzimmer geschickt? Wer verursachte das ungute Gefühl, das mich innerlich alarmierte, sofort ins Zimmer zu gehen? Man kann es Glück nennen oder Schicksal – für mich ist es Führung.

Hilfeschreie in der Nacht

Auf der Nachtwache hatte ich einmal ein besonders schreckliches Erlebnis, das mit sehr großer Angst und einem gewaltigen Schreck verbunden war.

Eine Krankenschwester-Schülerin hatte alleine Nachtwache im vierten Stock der Chirurgischen Abteilung. Sie befand sich am Ende ihrer Ausbildung. Weil sie noch nicht diplomiert war, hatte ich die Verantwortung für sie zu tragen; wir standen aber immer im Austausch miteinander. Ich war im zweiten Stock stationiert bei den Frischoperierten. Zur damaligen Zeit gab es noch keine Intensivstation.

Es war eine verhältnismäßig ruhige Nacht. Plötzlich aber drangen verzweifelte Schreie durch die Stille. Irgendwo im Haus schrie jemand: „Hilfe, Hilfe." Laut und verzweifelt. Ich wusste intuitiv: Diese Schreie kommen aus dem vierten Stock. Ich habe alles stehen und liegen gelassen und bin die Stufen zum vierten Stock hochgesprungen, zwei Tritte auf einmal, mit dem Lift hätte es zu lange gedauert.

Ich sehe dieses schreckliche Bild auch heute noch vor mir: Die Türe zum Patientenzimmer stand offen. Am sperrangelweit geöffneten Fenster kniete auf der Fensterbank die Lernschwester und rang mit einem Patienten. Der Kranke hing bis über die Taille zum Fenster hinaus. Die verzweifelte Lernschwester hatte ihn mit aller Kraft daran gehindert, aus dem Fenster zu springen. Ich kam ihr zu Hilfe, und mit vereinten Kräften ist es uns gelungen, den Kranken vom Fenster wegzuziehen. Er wehrte sich heftig, schlug wie wild um sich und schrie immer wieder: „Ich will nicht mehr, lasst mich hinaus!" Nachdem wir zusammen den Patienten vom Fenster wegreißen konnten und auf den Boden des Krankenzimmers gelegt hatten, konnte ich erkennen, was sonst noch geschehen war. Alles war mit Blut verschmiert, die Infusion herausgerissen, auf dem Boden lag eine große Lache von Infusionsflüssigkeit und Blut. Die Berufsschürze von der Schülerin war zerrissen, und im Gesicht hatte sie einige blutige Kratzer. Zuerst betätigte ich die Alarmanlage. Wir brauchten unbedingt mehr Hilfe.

Nach bangen Minuten, in denen wir den Patienten mit aller Kraft zu halten und zu beruhigen versuchten, traf Hilfe ein. Eine andere Krankenschwester vom zweiten Stock war ans Telefon gerannt und hatte den Nachtarzt alarmiert, der sich sofort um den Patienten kümmerte. Zuerst legten wir ihn mit vereinten Kräften in sein Bett zurück, anschließend wurde ihm ein Beruhigungsmittel gespritzt und die Infusion neu gesteckt.

Erst jetzt konnte ich mich der zitternden, ganz aufgelösten Schülerin zuwenden. Sie erzählte uns stockend: „Als ich auf meinem Kontrollgang ins Zimmer getreten bin, stand der Mann auf der Fensterbank und wollte sich aus dem Fenster stürzen. Ich bin zu ihm hingesprungen und habe alles versucht, ihn vom Fenster wegzuziehen. Er hat sich sehr stark gewehrt. Ich musste richtig mit ihm kämpfen. Ich habe in meiner Angst sehr laut gerufen, denn ich konnte ja den Patienten nicht loslassen, um Alarm auszulösen. Zum Glück hast du meine Schreie gehört. Ich hatte panische Angst, dass ich es nicht schaffe, den verwirrten Patienten so lange zu halten, bis Hilfe kommt." Ich habe sie in die Arme genommen, getröstet und ihr versichert, sie hätte ihre Sache gut gemacht. Obwohl sie durch meine Worte etwas ruhiger wurde, stand sie noch immer unter Schock. Der Nachtarzt hat ihr dann ein Beruhigungsmittel gegeben und angeordnet, dass sie sich im Untersuchungszimmer hinlegen solle. An eine Fortsetzung der Nachtwache ihrerseits war nicht mehr zu denken. Ich war jetzt ab sofort auch für ihre Patienten zuständig. Glücklicherweise war es schon morgens gegen vier Uhr, und um sechs Uhr erschien der Frühdienst.

Am Morgen, als der Tagdienst erschien, konnte die Schülerin in ihr Zimmer gehen und hat zwei Tage frei bekommen. Wir haben noch manchmal über diese schlimme Nacht gesprochen. Das intensive Gespräch hat ihr und mir sehr geholfen. Zum Glück für alle wurde die Lernschwester zur rechten Zeit in das Zimmer geführt, und ich hörte ihre Schreie, weil ich im Krankenzimmer zwei Stockwerke unter ihr beschäftigt war. Wäre ich nur im Dienstzimmer am Schreiben gewesen, hätte ich sie unmöglich hören können. Dem kranken Mann ging es bald wieder besser, aber er wusste von allem nichts mehr. In seinem akuten, nicht vorauszusehenden Verwirrungszustand wäre er beinahe ums Leben gekommen. Bei ihm konnte es noch im letzten Moment verhindert werden.

In meiner langjährigen Berufstätigkeit habe ich aber leider auch einige Male erlebt, dass sich Patienten auf diese Weise tödlich verletzt haben. Einer Berufskollegin ist es passiert: Sie musste mitten in der Nacht mit der Polizei den Patienten identifizieren, der vom fünften Stock hinabgesprungen war. Auch sie hatte ein Trauma, obwohl sie keine Schuld traf. Ich erinnere mich, wie wir alle schockiert waren, als wir beim Rapport erfuhren, was sich in der Nacht ereignet hatte. Es war unser Patient, den wir alle gut gekannt und gemocht hatten.

Jetzt habe ich einige Vorkommnisse geschildert, wie man als Pflegende eigene Angst hautnah erleben kann. Im folgenden Beispiel möchte ich aber aufzeigen, wie ein schwerkranker Patient von seiner panischen Angst befreit wurde. Später, in der Sterbebegleitung, bin ich bis heute immer wieder verschiedenen Formen solcher Angst begegnet.

Die Angst vor der Angst

Der Krankenhaus-Sorger hatte mich gefragt, ob ich eine besondere Begleitung übernehmen würde, der Patient habe schwere Angstzustände und Atemnot-Attacken.

Bei unserem ersten Kontakt sah ich einen älteren Mann am Bettrand sitzen, beide Arme auf dem Patiententisch aufgestützt und schwer atmend. Wir kamen ins Gespräch. Er erzählte mir Folgendes: Im Moment sei es nicht sehr schlimm, jedoch anfallsweise könne er fast nicht mehr atmen, es klemme ihm in der Brust alles ab, und dann erlebe er richtige Todesangst. Er bekomme Spritzen, wenn es ganz schlimm würde, aber die Angst vor einem kommenden Anfall sei doch immer da. Ich fragte: „Haben sie denn Angst vor dem Sterben?" Nach einigem Nachdenken antwortete er: „Wissen Sie, ich habe keine Angst vor dem Tod, aber ich bekomme panische Angst, wenn ich nicht mehr genug Luft einatmen kann, mich alles einengt und ich meine, demnächst ersticken zu müssen." Kaum hatte er ausgesprochen, was sein größtes Problem sei, hatte ihn wieder eine Attacke erreicht. Ich habe ihn gestützt, das Fenster geöffnet und ihm beruhigend zugesprochen. Sein Blick war unruhig, und man konnte die Panik auch in seinen Augen sehen. Ich machte mir meine Gedanken: Wieso wurde die Atemnot genau in diesem Moment akut, als er davon sprach? War es Zufall?

Als der Anfall vorbei war und der Kranke wieder besser durchatmen konnte, fragte ich ihn, einer spontanen Eingebung folgend: „Haben sie etwa Angst vor der Angst? Wissen Sie, ich glaube, Angst zu haben vor etwas, was kommen kann, verschlimmert die Situation. Angst ist Stress für den Körper, der versteift sich, und die Muskeln ziehen sich zusammen. Sicher löst ihre Erkrankung diese Zustände aus, jedoch ihre Angst verschlimmert alles. Ihre Erfahrungen von vorherigen Anfällen steigern die Angst. Sie erwarten, dass es wieder genau so schlimm wird. Können Sie verstehen, was ich Ihnen mit diesen Worten sagen möchte?" Er nickte verständnisvoll. Ich fragte weiter: „Wie fühlen Sie sich jetzt, da Sie keine Atemnot quält?" Er antwortete sofort: „Besser." Ich fuhr fort mit meinen Ausführungen: „Also, jetzt geht es Ihnen besser. Es ist aber immer noch dieselbe Krankheit da. Sie leben immer noch mit ihr. Jetzt versuchen Sie doch, beim nächsten Anfall die Angst anzunehmen und *hindurchzugehen*. Ich meine es genau mit diesen Worten: Ich will dich, meine Angst, annehmen, du bist ein momentaner Zustand, der wieder verschwindet. Aber ich verkrampfe mich nicht mehr. Ich weiß, es ist nur vorübergehend, und bald bin ich wieder befreit von dir. Ich vertraue darauf, dass mir geholfen wird, in dieser bei mir Panik auslösenden Situation. Ich weiß, ich bin nicht alleine, auch wenn niemand im Zimmer anwesend ist. Dieses Vertrauen macht mich ruhig und gelassen.

Ich lasse meine Angst los. Ich lasse sie einfach los." Der Kranke hat mir aufmerksam zugehört. Ich wusste, er hatte mich verstanden, auch wenn es für mich schwierig war, ganz genau in Worten auszudrücken, was ich wirklich meinte.

Wir hatten beide eine Verschnaufpause. Doch plötzlich sprach Herr A.: „Jetzt kommt es wieder. Ich kriege keine Luft. Helfen Sie mir bitte." Er hat, um Hilfe suchend, meine Hand ergriffen und wieder sehr schwer geatmet. Ich sprach gelassen in seinem Sinne: „Jetzt bist du wieder da, meine Angst. Ich will mich nicht von dir beherrschen lassen. Ich verkrampfe mich nicht mehr als nötig. Ich vertraue darauf, dass dieser Zustand wieder vergeht, wie er gekommen ist. Ich bitte darum, dass mir geholfen wird. Ich atme tief und ruhig."

Es hat eine Zeit gedauert, bis der Schwerkranke wieder sprechen konnte. Er sprach zu mir: „Auch wenn ich immer noch stark nach Atem ringen musste, die Angst hat mich nicht mehr total blockiert. Es war weniger schlimm. Ich war tief in meinem Inneren ruhiger und hatte großes Vertrauen, dass mir geholfen wird. Ich habe zum ersten Mal nicht vordergründig daran gedacht, ich müsste in diesem Anfall ersticken." Wir waren beide sehr dankbar.

Nach diesen Worten ist der Schwerkranke merklich ruhiger geworden. Müde und erschöpft wie er war, hat er einige Zeit geschlafen. Ich habe mich auf den Stuhl gesetzt und bin noch eine Weile bei ihm geblieben. Ich durfte beobachten, dass er jetzt besser mit seiner Situation umgehen konnte. Sicher hat er noch Ängste verspürt, die gehen nie ganz weg, es war jedoch keine Panik mehr da. Dass dem so ist, wusste ich mit Gewissheit, als der Patient aufwachte und zu mir sagte: „Schwester Erica, Sie können jetzt nach Hause gehen, Sie haben mir sehr geholfen." Ich verabschiedete mich mit den Worten: „Ja, ich durfte Ihnen helfen, jedoch wir wissen beide ganz genau, dass noch andere geholfen haben." Er hat mit der Hand nach oben gezeigt und zärtlich lächelnd geantwortet: „Ja, ich weiß, die da oben."

Ich bin zufrieden nach Hause heimgekehrt und habe nichts mehr von dem Patienten gehört. Da ich ja in der Funktion als freiwillige Sterbebegleiterin Nachtwache gehalten habe, wollte ich mich nicht beim Pflegepersonal erkundigen, wie es Herrn A. denn jetzt gehe. Ich habe jedoch immer wieder an ihn gedacht und mich bedankt für die Hilfe Gottes, die wir beide erfahren durften.

Doch, wie es die so genannten „Zufälle" herbeiführen, begegnete mir später in der Stadt eine freiwillige Helferin. Ich fragte sie: „Machst du zur Zeit noch Begleitungen?" Sie antwortete mir, sie sei einige Male bei einem lieben Mann gewesen, der Angstattacken, mit schwerer Atemnot verbunden, gehabt hatte. Jetzt gehe es ihm zum Glück besser. Sie sei aufgeboten gewesen für eine Nachtwache, doch die Krankenschwester habe angerufen, es sei nicht mehr nötig. Ich wusste sofort, dass es nur Herr A. sein konnte. Ich habe ihr geschildert, was ich mit diesem Schwerkranken erlebt hatte. In diesem Zusammenhang haben wir noch einige Erfahrungen ausgetauscht. Ich war im Nachhinein so glücklich, dass die Hilfe, die wir beide in der vergangenen Nacht erhalten hatten, zu einer großen Beruhigung des Schwerkranken geführt hatte.

Wege ins Licht

Die Begleitung der Kranken
auf dem letzten Wegstück

Die spirituelle Erfahrung, die ich beim Tod eines Patienten machen durfte, hat mich auf meinem Weg in andere Dimensionen geführt. Ich wurde zusehends hellhöriger und hellfühlender für alle feinstofflichen Energien. Ich habe lange Zeit nicht über diese spirituelle Erfahrung gesprochen. Ich hatte Angst, die Leute würden mich für verrückt halten, wenn ich davon spräche. Im Prinzip war ich auch etwas *verrückt*, nur nicht im herkömmlichen Sinne.

Das prägende Erlebnis beim Sterben dieses Mannes hatte mir gezeigt, dass der Tod nur unseren physischen Körper betrifft; dass unser Bewusstsein, unser Geist und unsere Seele unsterblich sind und in der Todesstunde den Körper verlassen. Ich bin überzeugt, dass der Übergang völlig schmerzlos ist und uns von Angst und Schmerzen erlöst. Atemnot, Zucken und Stöhnen sind nur Ausdrücke des physischen Körpers. Ich glaube, das Sterben ist nur dann schwer, wenn man sich nicht lösen kann – vom Partner, von Angehörigen, von Besitz, von allem Irdischen. Oder wenn man Angst hat, nicht mehr zu existieren. Jeder Mensch ist ein Individuum und erlebt seinen Tod anders. Wie wir leben, so sterben wir. Das ganze Leben ist ein Sterben, ein Loslassen, ein Sterben des Unwesentlichen und ein Wachsen in das Wesentliche. Das

Schwerste am Sterben sind die Ängste und das Nicht-loslassen-Können. Wir können einem Sterbenden erst helfen, wenn wir uns eingestehen, wie das Befassen mit dem Tod uns selbst aufgewühlt und mit unseren eigenen Ängsten konfrontiert hat.

Eine gute Übung ist es, sich die Ängste eines Sterbenden einmal ganz konkret vorzustellen. Diese Panik, diese Angst vor:

- dem Leiden
- vor unkontrollierbaren Schmerzen
- vor dem Verlust der Würde
- vor Abhängigkeit
- davor, nicht mehr akzeptiert zu sein
- nicht mehr für voll genommen zu werden
- die Kontrolle über seinen Körper zu verlieren
- vor der Ungewissheit des Kommenden

Wenn ich mich meinen eigenen Ängsten stelle, reagiere ich mitfühlender, mutiger und geschickter. Es ist mir besser möglich, dem Sterbenden mit tiefem Verständnis gegenüberzutreten. Wichtig ist zu wissen: Der Sterbende spielt den Solopart – ich bin nur ein Begleitinstrument. Um mich am besten einfühlen zu können, muss es mir gelingen, mich ganz in die Lage des Sterbenden zu versetzen. Ich stelle mir vor, ich läge dort auf dem Bett, allein mit meinen Schmerzen und den Tod vor Augen. Dann frage ich mich mitfühlend, was würde ich:

- nun am meisten brauchen?
- mir wünschen?
- von meinen Angehörigen am Bett erwarten?

Dieses Sich-vorstellen, wie der Andere sich fühlt, birgt eine gewisse Gefahr in sich. Wir müssen aufpassen, dass wir nicht unsere Gefühle und Empfindungen auf den Sterbenden projizieren. Ganz sicher hat der Leidende den Wunsch, bedingungslos geliebt und angenommen zu werden. Ein schwerkranker Patient hat es einmal so formuliert, als die Krankenschwester fragte, was sie für ihn tun könne:

„Ich wünsche mir, dass zumindest jemand von euch den Versuch macht, mich zu verstehen."

Wenn Sie jemanden begleiten wollen, müssen Sie dem Sterbenden auch Raum und Zeit geben, um seine Gedanken, Emotionen oder Aggressionen zum Ausdruck zu bringen. Wenn ein Schwerkranker dann so weit ist, seine geheimsten Gefühle zu offenbaren, widersprechen Sie nicht, spielen Sie nichts herunter oder beschönigen Sie nichts. Der Sterbende möchte sich befreien.

Langes Leiden kann auch sehr viel Sinn machen. Elisabeth Kübler-Ross schreibt in ihrem Buch „Das Rad des Lebens": „*Der Tod ist eine wunderbare, positive Erfahrung, aber wenn der Vorgang des Sterbens sich so sehr in die Länge zieht wie bei mir, wird er zum Alptraum. Er zerrt an allen positiven Eigenschaften, besonders an Geduld, Ausdauer und Gleichmut. Während des ganzen Jahres 1969 kämpfte ich gegen meine ständigen Schmerzen und Behinderungen. Ich bin von ganztägiger Pflege abhängig. Wenn es an der Tür klingelt, kann ich nicht aufmachen. Und Privatsphäre ist ein Ding der Vergangenheit. Nach vielen Jahren der Unabhängigkeit fällt mir diese Lektion besonders schwer.*"

Weiter schreibt sie, und das ist für mich der springende Punkt: *„Trotz meines Leidens bin ich immer noch gegen aktive Sterbehilfe, nur weil die Betroffenen unter Schmerzen und Unbehagen leiden. Auf diese Weise beraubt man die Menschen wichtiger Lektionen, die sie vor dem Abschluss zu lernen haben. In diesen Momenten lernte ich Geduld und Unterwerfung. So schwer mir diese Lektionen auch fallen mögen, ich weiß, dass der Höchste seinen Plan hat. Ich weiß, dass er die rechte Zeit für mich bestimmt hat, wenn ich meinen Körper verlassen darf wie ein Schmetterling seinen Kokon."* Und weiter: *„Wachstum ist das einzige Ziel unseres Lebens. Es gibt keinen Zufall."*[1]

Diese Worte sind für mich und viele Menschen sehr wichtig, können wir doch sehr oft in dem langen Leiden keinen Sinn mehr sehen.

Ein Beispiel:

Wir hatten eine Patientin bei uns auf der Abteilung, die große Mühe hatte, ihre Krankheit anzunehmen. Sie war aggressiv und fordernd. Das gesamte Pflegepersonal konnte ihr selten etwas recht machen. Alle hatten Mühe, mit dieser Frau klarzukommen. Dieser Prozess dauerte sehr lange. Auch die Ärzte waren froh, wenn sie nach der Visite das Zimmer wieder verlassen konnten.

Eines Morgens, als die Patientin immer schwächer und auch ruhiger wurde, sagte sie zu mir: „Schwester Erica, sind Sie böse auf mich?" Ich fragte: „Warum?" „Weil ich so wütend war und alle schikaniert habe. Ich war unmöglich und sehr böse. Sagen Sie mir, war ich wirklich so schlimm?" Ich erwiderte „ Ja, das waren Sie!"

Es entstand eine Pause, in der niemand von uns beiden sprach. Plötzlich fing die Patientin bitterlich zu weinen an. Es hat sie durchgeschüttelt. Ich ließ sie wortlos gewähren. Dann sprach sie unter Tränen: „Wissen Sie, ich konnte einfach nicht anders. Ich war sehr wütend, dass ich so abhängig von euch hier liegen muss, dass man mir das Bein amputiert hat. Dass die Wunde aufgebrochen ist und nicht heilen wollte und… Könnt ihr mir verzeihen?" Ich antwortete: „Wir haben Ihnen schon verziehen. Jetzt müssen nur noch Sie sich selber verzeihen, und dann wird alles gut." Sie wollte noch, dass ich allen vom Pflegeteam sage, wie leid es ihr tue. Von diesem Tag an wurde die Patientin viel ruhiger, und auch die Pflege gestaltete sich einfacher.

Ein anderer wichtiger Punkt ist: Dem Patienten immer die Wahrheit zu sagen, wie es um ihn steht. Indem wir dem Patienten möglichst einfühlsam und ehrlich diese Fragen zu beantworten versuchen, geben wir ihm die Chance, sich möglichst früh für die Sterbephase vorzubereiten. Da gibt es einige Dinge, die noch erledigt werden müssen.

Fragen wie:

· Wem muss ich noch verzeihen?
· Mit wem möchte ich nochmals sprechen?
· Was möchte ich noch dringend weitersagen?

Diese Fragen und noch andere beschäftigen oft den Schwerkranken. Viele Sterbende werden von der Sorge gequält, Unerledigtes zurückzulassen. Unerledigtes zu erledigen, sich und anderen verzeihen zu können, sind sehr wichtige Punkte. Sie helfen mit, dass es dem Sterbenden gelingt, immer besser loslassen zu können.

Ein Beispiel:

Die gleiche Patientin, von der ich vorher berichtet habe, sagte mir, als sie sich schon in der Sterbephase befand: „Wissen Sie, Schwester, ich habe mir das Sterben viel einfacher und schneller vorgestellt. Ich will doch, aber es geht einfach nicht." Ich riet ihr: „Sie sollten vertrauen und loslassen lernen." Sie antwortete: „Wissen Sie, ich war eine Frau, die immer mit beiden Füßen auf dem Boden stand. Ich musste meinen Mann stehen. Ich hatte es im Leben nicht leicht." Ich sagte: „Sicher haben Sie in Ihrem Leben diese Standhaftigkeit gebraucht, aber jetzt brauchen Sie diese Eigenschaft nicht mehr. Sie dürfen nun loslassen." Sie fragte: „Wie macht man das?" Ich wusste es auch nicht. In solchen Situationen bitte ich immer um göttliche Führung.

Nach einer kurzen Pause versuchte ich, es ihr folgendermaßen zu erklären: „Stellen Sie sich konkret vor, Ihre Füße hätten lauter Wurzeln in das Erdreich gehabt, wie ein Baum. Nun ziehen Sie diese Wurzeln ganz sachte aus der Erde heraus; und dann lassen Sie sich in den Gedanken ‚Flügeli' (Flügel) wachsen. Sie müssen sich ja nach oben bewegen." Sie sagte ganz bewegt: „Aber ich bin doch kein Engel..." Ich antwortete: „Vielleicht doch." Sie hat mich mit ganz großen Augen angeschaut. Ich spürte – ich hatte ihre Seele berührt.

Weil man diese Ebene so schlecht aushalten kann, ohne zu weinen, habe ich uns zwei schnell wieder in die Gegenwart geführt und schalkhaft gesagt: „Übrigens sollte diese Übung für Sie etwas leichter sein. Sie haben ja nur noch ein Bein." Wir konnten beide herzhaft lachen.

Humor ist sehr wichtig in der Pflege. Humor hat die wunderbare Eigenschaft, die Atmosphäre aufzuhellen, Ernsthaftigkeit und Spannung abzubauen. Lachen kann sehr heilend wirken.

Hier ein Beispiel dazu:

Die Begebenheit stammt aus einem Gespräch zwischen einer todkranken jungen Frau und mir. Wir sprachen darüber, wie sie begraben werden wollte. Sie sagte mir, dass sie in ihrem Garten an ihrem Lieblingsplatz begraben werden möchte. „Weißt Du, beim Weiher und bei meinen Tieren. Meine Lieblingskatze liegt auch dort begraben. Und im Sommer höre ich die Frösche quaken, die Käfer krabbeln um meinen Stein herum; und wenn dann noch Pascha kommt (die andere Katze), um den Stein streicht, das Hinterbein hebt und mich anpisst, dann muss ich noch von oben lachen." Da war sie wieder, ihre Ulkigkeit, mitten in einem ernsten Gespräch, und wir mussten beide lachen.

Später dann, als ich an ihrer Beerdigung teilnahm, hat sich Folgendes abgespielt: Als der Pfarrer die Urne in die Steintruhe stellte und alle Blumen darauf gelegt wurden, sah es beim Teich richtig schön aus – genau so, wie sie es sich gewünscht hatte. Während wir das "Vater unser" beteten und es ganz still war, gackerten die Hühner lauthals, der Hahn krähte und die Hunde winselten. Dann kam sogar noch ihre Katze und strich immer wieder um den Stein.

Ich erinnerte mich an unser Gespräch und musste lachen und weinen zugleich.

Es war so verrückt und doch – total in Ordnung. Zum Glück hob die Katze nicht auch noch das Hinterbein... Ich bin sicher, dass sie es noch nachgeholt hat, und Frau H. von oben gelacht hat. Ich glaube fest daran, dass man bei seiner eigenen Beerdigung anwesend ist und alles miterleben kann.

Über das Loslassen

Zum Loslassen-Können gehört vor allem Loslassen von Besitz, Bindungen, Angehörigen, von allem Liebgewordenen, das Loslösen der Gedanken und aller Gefühle irdischer Natur.

Sehr hilfreich ist es auch, wenn Ehepartner die Größe und die Kraft aufbringen, wenn sie sehen, dass der andere Teil schwer leidet und gehen möchte, zu sagen, dass es in Ordnung ist, wenn er gehen möchte; dass sie allein schon zurechtkommen und er oder sie jetzt in Liebe einschlafen könne.

Schon viele Male haben meine Kolleginnen und ich erlebt, dass ein Patient einfach nicht sterben konnte. Die Angehörigen waren rund um die Uhr am Bett und haben ihn bewusst oder unbewusst gehalten. War der Patient aber ein paar Minuten allein, weil sein Partner schnell einen Kaffee trinken ging, konnte er loslassen. In so einem Moment muss man den Angehörigen erklären, dass der Sterbende nur deshalb gehen konnte, weil er – eben – alleine war. Jedoch einem geliebten Menschen sagen zu können, „er dürfe jetzt sterben, es sei gut so", ist sehr schwer und erfordert seelische Reife. Er oder sie könnte ja auf die Idee kommen, man liebe sie nicht mehr oder möchte sich von einer Last befreien.

Vielleicht sollte man einem Schwerkranken, der nicht sterben kann, liebevoll ins Ohr flüstern: „Ich bin hier bei dir und ich liebe dich sehr. Ich möchte auf gar keinen Fall, dass du noch länger leiden musst. Geh nur, wenn du gehen willst. Wir werden uns wiedersehen, daran glaube ich fest. Danke für alles." Ich habe mehr als einmal erlebt, dass dann, wenn ein Sohn seiner geliebten Mutter oder ein Mann seiner lieben Frau solche Worte sagen konnte, sich die/der Sterbende besser lösen konnte. Das geht übrigens auch dann noch, wenn der Patient schon bewusstlos ist. Man kann auch nonverbal kommunizieren. Es kommt immer an, nur Antwort kommt keine mehr. Von den Sinnen erlischt das Gehör zuletzt.

Der Übergang ist völlig schmerzlos. Es ist ein sanftes, ruhiges Hinübergleiten. Atemnot, Zuckungen, Stöhnen sind nur Reflexe der physischen Hülle. Manchmal sprechen Sterbende noch Namen aus. Sie sehen mit ihrem erhobenen Bewusstsein verstorbene Angehörige, die sie abholen. Schon mehr als einmal habe ich diese Bestätigung erhalten. Ein Sterbender flüsterte zum Beispiel: „Emil, du?" Wenn dann die Angehörigen, die beim plötzlichen Tod nicht dabei waren, fragten: „Wie ist er gestorben, hat er noch etwas gesagt?" Dann kam immer die Bestätigung, dass der zuletzt geflüsterte Name ein lieber verstorbener Angehöriger war, zu dem der Kranke eine enge Beziehung hatte.

Sterben ist also ein sanftes, allmähliches Loslösen, etwas Ähnliches wie Einschlafen.
Auch zum Einschlafen müssen wir los-lassen.

Ein Beispiel:

Eine ältere Dame – sie war wirklich eine charmante Dame – wartete schon seit Tagen auf den Tod. Eines Morgens, als ich sie fragte, wie es ihr denn gehe, schrie sie laut: „Ich möchte tot sein, tot, tot, tot!!!" Es klang ganz verzweifelt und aggressiv. Ich habe mich zu ihr ans Bett gesetzt und gesagt: „Schauen Sie, liebe Frau E., so geht das nicht. Sterben ist so etwas wie Einschlafen. Es kann nur in vollkommener Ruhe und Gelassenheit geschehen. Oder haben Sie einmal, wenn sie abends nicht einschlafen konnten, geschrien: Ich möchte jetzt schlafen, schlafen, schlafen!!! Und sind Sie dann eingeschlafen?" Sie antwortete: „Nein."

Weil die Patientin immer noch erregt war, bin ich bei ihr geblieben, ohne zu sprechen. Ich habe nur ganz liebevoll ihre Hände gehalten. Sie wurde ruhiger und ruhiger. Dann kamen folgende Worte über ihre Lippen, die mich ganz ergriffen haben: „Lieber Gott, hilf mir bitte, bitte, bitte.» Ich flüsterte ihr ins Ohr: „Ja, so ist es recht. Vertrauen Sie darauf, dass der liebe Gott Ihnen hilft und Sie heimführt, ins Licht.»

Diese Patientin ist bald darauf ganz ruhig und friedlich von uns gegangen.

Warum sterben einige Menschen so schwer?

Diese Frage habe ich mir immer wieder einmal gestellt, wie viele andere auch. Vielmals wissen die Betroffenen es selber nicht. Ich habe schon aufgeführt, was es für Gründe geben könnte. Wenn ich nun dieses Kapitel nochmals aufgreife, so ist es, weil ich an zwei markanten Beispielen aufzeigen möchte, wie schwer es wirklich sein kann. Da wäre zum Beispiel die Patientin, der ich sagen wollte, sie solle endlich gehen.

Eva (Name geändert) war nicht nur eine liebe Patientin, sie war auch eine liebe Bekannte von mir. Als sie schwer krank wurde, hat sie den Wunsch geäußert, ob ich sie auch in den Tod begleiten würde, wenn es dann so weit sein werde. Sie wusste, dass ich als freiwillige Helferin Sterbebegleitung mache. Ich habe es ihr gerne versprochen.

In der langen Zeit ihres Abschieds sind wir uns menschlich und auf der Seelenebene immer tiefer begegnet. Wir konnten miteinander alles besprechen, und ich habe sehr viel von ihr lernen können. Es war ein gegenseitiges Geben und Nehmen. Nun zur Situation, die ich schildern möchte:

Obwohl ich mit Eva alles besprochen, alles geregelt und sie die Sterbebesakramente empfangen hatte, hat sie noch fest mit sich gerungen und den Übergang hinausgezögert. Warum nur? Sie hatte doch immer wieder gesagt, dass sie jetzt sterben möchte, sie sei bereit dazu. Ich saß schon die vierte Nacht an ihrem Sterbebett, nachdem ich die Angehörigen abgelöst hatte. Eva war nicht mehr ansprechbar. Sie war ins Koma gefallen. Ich habe um Hilfe gebeten, dass sie den Übergang schafft. Ich konnte das schwere Ringen um ihre Atmung und ihr Stöhnen kaum mehr ertragen. Warum dauert es so lange? Warum diese Qual? Ich betete halblaut mein Lieblingsgebet: „Jesus, dir lebe ich, Jesus, dir sterbe ich, Jesus, dein bin ich, im Leben und im Tod." Plötzlich kam ein starker Impuls aus meinem Inneren. Du musst es ihr mitteilen. Ich stand auf und habe Eva laut ins Ohr gesagt: „Gehe endlich, verschwinde, es ist jetzt gut so." Ich bin selber über meine Worte erschrocken. Ich wollte es doch nicht so sagen…

Eva wurde etwas ruhiger, und die Atmung war weniger mühsam. Sie lag viel entspannter da. Gegen Morgen ging ich nach Hause. Um fünf Uhr hat mich das Telefon geweckt, es war das Krankenhaus, das mir mitteilte, die Patientin sei soeben ruhig entschlafen. Ich bin etwas erschrocken und hatte Schuldgefühle. Ich fragte mich, ob ich mit meiner Aussage den Prozess beschleunigt hätte. Ich habe niemandem davon erzählt. Doch war in meinem Innersten immer dieser Zweifel, ob ich in dieser Situation richtig gehandelt habe.

Ein Jahr später, als ich bei Christoph Bürer zu einer medialen Beratung war, hat sich Eva gemeldet. Sie wurde vom Medium so gut beschrieben, dass ich sie sofort erkannt habe. Christoph sagte mir, sie sei gekommen, um sich bei mir zu bedanken für die gute Sterbebegleitung. Vor allem sei sie dankbar für die Worte, die ich ihr ins Ohr geflüstert habe. Ich bin erschrocken und habe Christoph geantwortet: „Wenn du wüsstest, was ich gesagt habe. Ich habe heute noch ein schlechtes Gewissen." Zum Glück konnten wir beide lachen, als ich ihm davon erzählte. Eva sprach weiter durch das Medium und sagte, sie habe genau diesen Befehl gebraucht. Sie habe einfach nicht gewusst, wann der richtige Zeitpunkt zu gehen war.

Ich war so froh über diese Botschaft und hatte kein schlechtes Gewissen mehr. Später, als ich noch einmal darüber nachdachte, kam mir in den Sinn, dass Eva eine Frau war, die fast immer gemacht hatte, was andere ihr sagten. Sie war autoritäts-gläubig. Hatte sie wirklich darauf gewartet, dass ihr jemand sagte, wann sie gehen solle? Ich weiß es nicht. Ich erinnere mich an dieser Stelle, dass Rainer Maria Rilke folgendermaßen gebetet hat: „Gott, gib jedem seinen eigenen Tod, der aus seinem Leben kommt, wo er Freude hatte, Schmerzen und Not."

Der schwere Abschied einer Mutter

Ganz schwer ist es für die Eltern, wenn sie ein Kind hergeben müssen. Unmündige Kinder zurückzulassen, ist vor allem für eine Mutter sehr schwer. Wenn ein lieber Vater noch da ist und die Großeltern versprechen mitzuhelfen, die Kinder zu betreuen, kann eine Mutter etwas besser loslassen. Ist sie sich so doch gewiss, dass die Liebe, die Mutter und Tochter verbindet, jetzt auf die Enkelkinder übergeht. Ich habe eine dramatische Situation bei einer jungen Mutter erlebt, die im Sterben lag und einfach nicht gehen konnte. Beim Antreten der Nachtwache wurde mir von den Pflegenden ausgerichtet, die Frau sei sehr unruhig, schreie oft und könne einfach nicht sterben. Sie sei Alleinerziehende, und die Familienverhältnisse seien sehr schwierig. Die Patientin habe den Kontakt zu ihrem Mann abgebrochen, weil er gewalttätig sei. Sie wisse nicht, wo er sei, und sie wolle auf keinen Fall, dass man nach ihm suche. Es seien vier unmündige Kinder da. Ihre Schwester habe versprochen, sich um sie zu kümmern.

Diese Informationen über Frau F. waren sehr wichtig für mich. Ich habe eine todkranke Frau angetroffen, als ich zu ihr ans Bett getreten bin. Ihr Unterleib war enorm angeschwollen, und die Arme und Beine waren ganz dünn – ein trauriges Bild. Frau F. hat ganz schwach gelächelt, als ich sie begrüßte, und ist sofort wieder in einen kurzen Schlaf getaucht. Immer wieder ist sie aufgewacht und war sehr unruhig. Sie wollte aufstehen, obwohl es für sie aus Schwäche gar nicht mehr möglich war. Ihr Blick ist rastlos umhergeschweift.

Ich habe bei ihr auf dem Bettrand gesessen und sie in den Armen gehalten. Das hat sie etwas beruhigt. Zwischendurch, wenn sie genügend Kraft aufbrachte, konnte ich mit ihr sprechen. Sie erzählte mir von ihrem schweren Leben, dass sie von ihrem Mann mehrmals brutal geschlagen und schwer verletzt wurde. Jetzt war mir klar, wieso sie keinen Kontakt mehr wollte. Er war untergetaucht. Sie sagte mir auch, sie möchte noch weiterleben, wegen der Kinder. Sie wisse, dass alles so weit geregelt sei. Der Pfarrer und die Fürsorge hätten ihr geholfen, es sei jedoch so schwer, ihre Liebsten zurückzulassen. Ich fragte sie, ob sie an ein Leben nach dem Tod glaube. Sie meinte, nicht so recht. Sie fürchte sich nicht vor ihrem Tod, sie glaube schon an den barmherzigen Gott. Sie sei aber auch enttäuscht, dass Gott so unbarmherzig handele, sie zu sich hole und sie schon so früh gehen müsse. Ja, sie habe auch mit

Gott gehadert und sei wütend auf ihn. Sie wolle jetzt noch nicht sterben, denn sie werde noch dringend gebraucht.

Während unseres Gespräches ist sie immer wieder eingeschlafen. Sie hat oft vor Schmerzen aufgeschrien, es waren körperliche und seelische Schmerzen. Für die körperlichen Schmerzen bekam Frau F. genügend Schmerzmittel. Ich habe still für diese Patientin gebetet. Die Nacht ging vorüber, und ich habe mich einmal mehr von der schwerkranken Patientin verabschiedet und ihr alles Gute gewünscht. Ich habe ihr versprochen, für sie zu beten.

Als ich zwei Tage später nochmals Nachtwache hatte, war die Patientin nicht mehr bei Bewusstsein. Sie lag im Koma. Sie hat buchstäblich mit dem Tod gerungen. Ich habe gespürt, dass sie sich immer noch Sorgen machte wegen der Kinder. Ich habe mich zu ihr gesetzt und zu ihr gesprochen: „Schauen Sie, Frau F., ich fühle, dass Sie nicht sterben wollen, weil Sie unmündige Kinder zurücklassen müssen. Ich versichere Ihnen jedoch, es wird gut für sie gesorgt. Und was ganz wichtig ist zu wissen, auch Sie können ihre Kinder weiter begleiten und für sie sorgen. Den Tod als solches gibt es nicht. Auch in den Himmlischen Sphären, oder wie immer Sie das nennen, können Sie ihre Kinder weiterbegleiten. Die Kinder werden Sie spüren in ihrem Herzen, denn die Mutterliebe stirbt nie. Vertrauen Sie einfach und gehen Sie den Weg, den Gott und seine Engel Ihnen aufzeigen. Ihr Körper ist so krank, mit ihm können sie nicht mehr weiterleben. Sie werden ihn ablegen wie eine abgetragene Kleidung, und Sie werden einen neuen geistigen Leib erhalten."

Die Sterbende hat mir zugehört, ich habe es ganz deutlich wahrgenommen. Einmal hat sie kurz die Augen geöffnet und mich angeschaut. Da war so viel Liebe und Erkennen in ihrem Blick. Durfte ich einmal mehr Engel sein für sie? Hat sie mich verstanden? Waren meine gesprochenen Worte eine Hilfe für sie? Ich bin sicher, einmal mehr wurden mir die richtigen Worte eingegeben. Die Patientin war nun viel ruhiger. Der Kampf war vorbei. Ich habe mich liebevoll von ihr verabschiedet und das Kreuzzeichen auf ihre Stirn gemacht. Dann bin ich nach Hause zurückgekehrt. Anders als beim letzten Mal, spürte ich einen tiefen göttlichen Frieden in mir.

Später habe ich durch den Krankenhaus-Seelsorger erfahren, dass das Pflegepersonal die Patientin vor dem Mittagessen tot in ihrem Bett angetroffen habe. Es sei ein sehr friedlicher Ausdruck auf ihrem Gesicht gewesen.

Gedanken, die den Prozess des Loslösens erleichtern

· Erkennen, was ich loslassen soll, was nicht mehr zu mir gehört, was mich belastet.
· Ich bin ewiges Bewusstsein.
· Ich bin nicht der Körper.
· Ich habe einen Körper.
· Ich bin eine Persönlichkeit.
· Ich bin ein Mensch und trete auch als Mensch in Erscheinung.
· Ich erlebe, dass ich bin.
· Ich fühle, dass ich bin, ich fühle mich als Mensch.
· Ich denke, ich bin.
· Ich atme… ich bin.

Sterben

Ich lasse nur meinen physischen Körper los.
Ich bin noch immer – weil ich ewiges Bewusstsein bin und immer
sein werde.

Nachtrag

Wenn man Schwerkranke fragt, ob sie Angst hätten vor dem Tod,
erhalte ich oft die Antwort: „Ich fürchte mich nicht vor dem Tod,
aber vor dem Leiden und vor allem, was vor dem Tod kommt."
Einige sagten mir auch, sie hätten Angst vor dem „Nicht-mehr-
Sein". In jeder länger dauernden Sterbebegleitung steht immer
wieder die Ambivalenz der Gefühle im Vordergrund. Einmal
möchten sie alle sterben, am liebsten sofort. Am anderen Tag
möchte man noch etwas länger hier sein.

Der langsame Abschied, wenn sich das Sterben also über einige
Monate oder Jahre hinzieht, macht es für die Angehörigen leichter, mit der Trauer umzugehen. Das habe ich schon oft beobachtet.
Die lange Krankheit hat ja alle gezwungen, die Sterblichkeit mit
der ganzen Gebrechlichkeit anzunehmen. Wenn der Abschied
fraktioniert, stückweise, verläuft, können sich die Angehörigen
langsam mit dem Verlust und seinen schmerzhaften Gefühlen
auseinandersetzen. Der Schwerkranke entschwindet immer mehr
in seine Welt. Ich denke da an Alzheimer oder generell an Demenz, Koma und Bewusstlosigkeit. Darüber werde ich später
noch berichten.

Andere Bewusstseinsebenen

Ein weiterer Punkt, den ich ansprechen möchte, ist die erhöhte Sensibilität der Sterbenden und ihre Symbolsprache. Wir sollten offen sein für solche Signale und sie umsetzen können. Wenn man an diese feinstofflichen Ebenen glauben kann oder mindestens deren Existenz nicht ausschließt, erkennt man vieles besser. Man begreift, was sich beim Sterbenden ereignet. Das ist nicht leicht zu erkennen und wahrzunehmen. Jedoch, wenn man um Führung bittet oder betet: „Sag du mir bitte, was der Sterbende meint", erhält man intuitiv Antwort.

Ein erlebtes Beispiel:

Ein alter Mensch wird plötzlich unruhig. Er steht im Krankenhaus nachts auf, packt seine Sachen und will nach Hause gehen. Worte wie, „er/sie müsse jetzt heim, es warten ja alle auf ihn", oder „er müsse noch heim, um Ordnung zu machen", sind keine Seltenheit.

Früher habe ich als junge Krankenschwester den verwirrten Patienten gesagt: „Sie können jetzt nicht nach Hause gehen. Sie sind krank und müssen hier bleiben." Es brauchte viel Geduld und große Überredungskünste, bis man so einen Patienten wieder ins Bett brachte. Manchmal reagierten sie auch böse und aggressiv, weil man sie nicht verstand.

Heute reagiere ich ganz anders. Ich sage so einem Patienten: „Gut, ich helfe Ihnen, einige Sachen zusammenzupacken, und dann legen Sie sich wieder ins Bett und warten, bis Sie abgeholt werden." Jeder Kranke wird schneller ruhig, wenn man ihn versteht; das heißt, da abholt, wo er gerade ist:

- Befindet er sich nicht auf dem Weg nach Hause?
- Muss er nicht vorher noch Ordnung machen?
- Warten nicht auch dort seine Lieben auf ihn?
- Passiert hier nicht in der Realität, was ein Patient innerlich erlebt?

Fragen über Fragen.

Ein weiteres Beispiel:

Eine krebskranke junge Frau antwortete mir, als ich fragte: „Hast Du geschlafen?" „Nein, ich habe nicht geschlafen, ihr meint es nur. Ich war bei einer lieben Frau, dort ist es viel schöner als hier." Ich fragte zurück: „Kennst Du diese Frau?" Die Sterbende antwortete: „Nein, aber sie kennt mich und hat mich lieb." Es ging ein Leuchten über ihr Gesicht, und eine so große Liebe war spürbar, dass mir die Tränen in die Augen traten. Ist nicht auch diese sterbende Frau in einer Bewusstseinsebene gewesen, die man nur betreten kann, wenn man am Abschiednehmen ist? – Für mich war diese „liebe Frau" die Gottesmutter.

Kübler-Ross spricht über dieses Phänomen:

„Die Heiligen Schriften sind reich an Beispielen symbolischer Sprache. Und wenn die Menschen mehr ihrem intuitiv-spirituellen Quadranten Gehör schenken würden und die Weisheiten dieser wunderbaren Mitteilungsquelle nicht durch ihre eigene Negativität, ihre Ängste, ihre Schuldgefühle, ihren Drang, andere oder sich selbst zu bestrafen, vergiften würden, würden sie auch die Symbolsprache der Sterbenden zu verstehen beginnen, sobald diese uns ihre Sorgen, ihr Wissen und ihre Wahrnehmungen anzuvertrauen suchen."[2]

Ich erinnere daran, dass viele Todkranke sich der Symbolsprache bedienen, wenn sie uns etwas mitteilen wollen. Sie ist nicht einfach zu verstehen, und es braucht einige Erfahrung, um zu begreifen, was die Kranken wirklich sagen wollen.

Nochmals anders ist die Kommunikation in der Sterbephase. Oftmals benützen die Sterbenden die Symbolsprache, sie drücken sich in Symbolen aus. Wenn wir über das Fühlen und Denken kommunizieren, tun wir das ohne Worte, nonverbal. Hier geht es um das Einfühlungsvermögen, genannt Empathie. Man kann versuchen, sich in den Kranken einzufühlen. Zu spüren, was er möchte, was ihm zuwider ist, was ihm auf dem Herzen liegt. Der Schlüssel, um mit dem Kranken auf diese Ebene zu kommen, ist Liebe. Bedingungslose Liebe, frei von jeglicher Erwartungshaltung. Einige sehen verstorbene Angehörige, hören Stimmen oder Musik oder haben Visionen. Sie sehen andere Dimensionen und Wirklichkeiten. Viele Menschen sterben jedoch im Zustand der Bewusstlosigkeit: Es ist nicht wie im Film, noch einige Worte, Kopf auf die Seite und fertig. Ich glaube, man kann es gar nicht real darstellen. Für mich ist Sterben etwas Heiliges, das einfach geschieht.

Die Nah-Tod-Erfahrungen lehren uns, dass die im Koma liegenden Patienten viel mehr von den Vorgängen rund um sie herum mitbekommen, als wir gemeinhin annehmen. Es ist sehr wichtig, einen Menschen in Stille und Gelassenheit sterben zu lassen. Die Sterbenden sollte man nach Möglichkeit in ein ruhiges Zimmer verlegen, ohne Anschlüsse an Überwachungsgeräte. Atmosphäre schaffen kann man mit Musik, Duftlampen, dem Summen eines Liedes oder einfach durch das Halten der Hände. Ich bete in meiner Situation: Ich bitte Gott und den Schutzengel des Sterbenden um Führung. Manchmal merke ich, wie der Sterbende diese Atmosphäre von Licht und Göttlichkeit spürt und dankbar dafür ist, dass man diese Zeit tiefer und verwandelnder Glückseligkeit mit ihm erlebt.

Da ich in einer Sterbebegleitung eine starke Lichterfahrung hatte, versuche ich nun, dieses Erlebnis weiterzugeben: Ich sage ihnen, wenn der Moment kommt, sollen sie vertrauensvoll mitgehen – in dieses Licht. Ich bete in solchen Momenten meistens still darum, dass der Sterbende alle Kraft, alles Licht und alles Vertrauen erhält, das er benötigt, um den von ihm gewählten Pfad folgen zu können.

Wir sollten also lernen, mit diesem himmlischen Bewusstseinszustand klarzukommen, solange wir noch in einem Körper leben. Ich muss also versuchen, solange ich lebe, den göttlichen Aspekt in mir zu verwirklichen. Damit kommen wir zu unserer schwersten Lektion: Wir sollten lernen, bedingungslos zu lieben, oder wie Mutter Teresa sagt: *„Lieben, bis es weh tut."*

Spirituelle Sterbebegleitung geht über den irdischen Tod hinaus. Es würde den Rahmen dieses Buches sprengen, wollte ich tiefer darauf eingehen. Vielleicht hilft das folgende Zitat aus dem Buch von Sogyal Rinpoche, Autor des Weltbestsellers „Das Tibetische Buch vom Leben und Sterben":

„Sterbebegleitung konzentriert sich in der Hauptsache auf ein liebevolles Mitgehen bis zum Ende. Zweifellos ist dies eine sehr hilfreiche Unterstützung für den Schwerkranken. Spirituelle Sterbebegleitung jedoch geht darüber hinaus. Sie betrachtet den Menschen als Ganzes, einschließlich seiner Zukunft. Sie geht davon aus, dass man jemandem schon lange vor seinem Tod, im Moment seines Todes und danach helfen kann und sollte."[3]

Ich bin inspiriert worden von den Weisheiten dieses buddhistischen Lehrers, sein Buch empfehle ich wärmstens.

Der langsame Abschied

Demenz heißt die große Herausforderung unserer Zeit. Das Wort „Demenz" kommt vom Wort „De-mente", das heißt: „Weg vom Verstand". Man kann Demenz wie Alzheimer und alle anderen Formen auch als einen langsamen Abschied sehen. Der Geist zieht sich allmählich zurück. Die Persönlichkeit tritt mehr und mehr in den Hintergrund, der Mensch verändert sich.

Weil wir alle mit dem Thema Demenz immer mehr konfrontiert werden und ich auch in der Sterbebegleitung immer wieder damit zu tun habe, möchte ich etwas über die häufigsten Formen aussagen. Die Alzheimer-Krankheit ist die häufigste Demenzform (50%), ebenso häufig ist die vaskuläre (gefäßbedingte) Demenz. Häufig liegen auch Mischformen vor. Die durchschnittliche Krankheitsdauer wird auf acht bis neun Jahre geschätzt. Das größte Risiko, an Alzheimer zu erkranken, ist das Alter. Die Untersuchungen und Tests ermöglichen eine frühe Diagnose.

Die ersten Symptome einer Demenz sind:

Vergesslichkeit

Sie betreffen vor allem neue Informationen, Gesagtes bleibt nicht im Gedächtnis, Abmachungen werden vergessen, Termine nicht mehr eingehalten.

Wortfindungsstörungen

Umschreibung von Gegenständen, weil man das Wort nicht mehr weiß. Sätze werden nicht mehr zu Ende gesprochen.

Örtliche Desorientierung

Der Kranke findet sich in einer neuen Umgebung nicht mehr zurecht, findet den Ausgang nicht mehr. Weiß nicht mehr, wo er wohnt.

Zeitliche Desorientierung

Sie betrifft vor allem das Datum und die Uhrzeit.
(Will man in dieser Phase den Kranken helfen oder argumentieren, reagieren sie oft aggressiv.)

Im späteren Stadium verschlimmern sich alle diese Anzeichen. Jetzt ist es sehr wichtig, dass der Kranke verlässliche und konstante Bezugspersonen hat und seine Umgebung Geborgenheit und Sicherheit vermittelt. Später, wenn die Patienten die Angehörigen nicht mehr erkennen, ist Zuwendung, Blickkontakt und Berührung sehr wichtig.

Die Kommunikation wird immer mühsamer. Sie stellt hohe Ansprüche an die Betreuenden. Es ist wichtig, auf die eigene Körpersprache zu achten. Der Demenz-Kranke liest in unseren Augen und orientiert sich an der Art unserer Berührung, unserer Intensität. Hektik und schnelle Bewegungen mag er nicht.

Sehr wichtig ist zu wissen, dass die Gefühlsebene am längsten intakt bleibt. Über diese Ebene erreichen wir die demenzkranken Menschen am leichtesten. Diese Kranken sind voller Gefühle. Sie entwickeln im Verlauf ihrer Krankheit eine ausgeprägte Sensibilität. Wir gesunden Menschen können denken und erfassen die Welt mit unserem Verstand. Diesen Kranken jedoch sind diese Fähigkeiten abhanden gekommen. Demenz-Kranke leben isoliert in ihrer eigenen Welt. Mit Empathie kann man sie am längsten erreichen.

Ein Beispiel

Ich hatte Wache bei einer verwirrten Patientin. Zeitweise war sie gut ansprechbar und klar, zeitweise verwirrt. Sie wurde als Notfall mit einem Oberarmbruch eingeliefert. Sie wusste in ihren lichten Momenten, dass sie nun im Krankenhaus war und den Oberarm gebrochen hatte. Doch immer wieder verschob sich das Gefühl für ihre Realität. Sie fragte dauernd: „Wieso bin ich hier? Wo bin ich überhaupt?" Nur ganz klare, kurze Worte haben sie dazu erreicht.

Sie wollte auch den großen Verband entfernen, der die Fraktur fixierte. Sie rief mich immer wieder und meinte, ich möchte ihr doch helfen, den Büstenhalter zu entfernen, sie sei es nicht gewohnt, im BH zu schlafen. Erklärungen wie: „Es sei ein Verband zum Fixieren", drangen nicht mehr zu ihr durch.

Nun habe ich es auf der Gefühlsebene versucht. Ich trat zu ihr ans Bett und habe etwas auf die Frakturstelle am Oberarm gedrückt. Sie rief wie erwartet: „Das tut mir weh!" Ich sagte: „Ja, da ist der Arm kaputt, darum ist er fixiert, und dieser Verband ist kein Büstenhalter." Sie sagte: „Ja, ich verstehe. Entschuldigen Sie, ich habe es vergessen." Ich fragte mich, ob sie nun wirklich verstanden hatte.

Nach einiger Zeit wollte sie den Verband wieder wegnehmen. Ich habe ohne Worte nur leicht auf die schmerzende Stelle am Arm gedrückt – und sie erinnerte sich. „Ach so, ich habe den Arm gebrochen, und das ist mein Verband." Wie lange diese Erfahrung präsent war, weiß ich nicht. Der Patientin wurde bald ein Schlafmittel verabreicht, und ich wurde abgelöst.

Sehr hilfreich ist, wenn man versucht, demente Menschen so anzunehmen, wie sie sind. Das heißt konkret, ihre depressiven, traurigen und unruhigen Stimmungen auszuhalten lernen. Alle diese Patienten leben – je länger, je weniger – im Hier und Jetzt. Für die betroffenen Kranken ist es nicht so schlimm. Sie erleben auch sehr schöne Stunden in den anderen Bewusstseinsebenen.

Sehr schwer ist dieses Zurückziehen für die Angehörigen. Diese Persönlichkeitsveränderung des Menschen, den sie lieben und anders kennen, so zu erleben, ist belastend und schwer zu verstehen. Ich weiß, wovon ich spreche, sind doch meine Brüder und ich bei unserer Mutter diesen Weg auch gegangen. Es tat weh, diese Antriebslosigkeit, Interesselosigkeit, Stimmungsschwankungen, diesen Persönlichkeitszerfall und im speziellen diese starke Veränderung ihres Verhaltens anzunehmen und auszuhalten.

Um diese Kranken besser verstehen zu können, ist es sicher sinnvoll, sich mit seiner Wahrnehmung (Intuition) zu verbinden und dieses Instrument benützen zu lernen. Wir können damit besser erkennen, was der Kranke fühlt und wo er weilt, ob in seiner Realität oder in der unsrigen.

Intuition

Was ist Intuition? Eine innere Stimme? Ein starkes Gefühl aus dem Bauch? Eine starke innere Gewissheit?

Sie zeigt sich mit vielen Aspekten. Wir haben nur verlernt, unserer Intuition zu vertrauen. Stattdessen beugen wir uns dem

Urteil und der Bestätigung anderer. Wir sollten wieder lernen, nach unseren intuitiven Eingebungen zu handeln. Auch wenn dies riskant und erschreckend erscheint, weil wir nicht auf „Nummer sicher" gehen können, sollten wir die Intuition wieder als eine wertvolle Quelle der inneren Führung erkennen.

Man braucht einige Übung, um auf seine Intuition zu vertrauen und sie wahrzunehmen. Je öfter man übt, umso leichter wird es. Schließlich wirst du mit deiner Intuition in Kontakt treten. Du wirst ihr Fragen stellen können und wissen, dass in dir eine göttliche Kraftquelle verborgen liegt, die dir jederzeit zur Verfügung steht, um Antworten zu erhalten.

Je sensibler du für diese innere Führung und die intuitiven Gefühle wirst, umso klarer wird dein Gefühl dafür, was in jeder Situation das Richtige ist. Da wir jedoch in der Begleitung von Schwer- und Demenz-Kranken in Situationen kommen können, wo wir nicht mehr weiter wissen, finde ich diese Schulung wichtig. Sie hat mir immer wieder geholfen. ER weiß immer weiter!

Deine Intuition ist für dich da und führt dich, wann immer du sie benötigst. Sie öffnet sich dir, sobald du bereit bist, um deinem inneren Wissen zu vertrauen. Wenn ich mich nun Demenz-Kranken zuwende, versuche ich, über meine Intuition herauszufinden, in welcher Bewusstseinsebene sich der Kranke gerade befindet. Ich versuche, ihn in seiner Realität zu verstehen. Das ist selten einfach.

Ein Beispiel möge es verdeutlichen:

Ich wurde über die Krankenhaus-Seelsorge angefragt, ob ich einige Stunden bei einem sehr unruhigen und zum Teil verwirrten

Patienten wachen könne. Ich bin hingegangen und erlebte einen älteren Mann, der im Bett bleiben sollte, jedoch dauernd aufzustehen versuchte.

Freudig begrüßte er mich mit den Worten: „Endlich kommt jemand, der mir hilft aufzustehen. Alleine schaffe ich es einfach nicht." Ich antwortete ganz ruhig: „Ich kann Ihnen auch nicht helfen aufzustehen, denn Sie sollten im Bett bleiben, weil Ihr operiertes Bein noch nicht belastet werden soll." „Glaubst du jetzt diesen Quatsch auch, ich bin gar nicht operiert, und jetzt hilf mir bitte, ich muss dringend aufstehen."

Er hatte sich aufgesetzt und ganz aggressiv und mit viel Kraft am Bettgitter gerüttelt. Ich habe meinen Schutzengel um Hilfe gebeten, dass mir eingegeben wird, was ich jetzt sagen soll, um den Patienten in seiner Situation zu erreichen. Ich fragte den Patienten: „Ja, sage mir doch bitte, warum musst du denn so dringend aufstehen?" Jetzt hatte ich ihn erreicht, das spürte ich sofort. Das ganz problemlos angewandte "du" hatte die Türe geöffnet, wir waren jetzt Partner.

„Also weißt du, ich muss doch dringend einrücken. Ich bin im Gotthard stationiert, bei der Kavallerie", sprach er weiter. Ich antwortete: „Schau, ich finde, deine Beine sind noch zu schwach, damit kannst du noch nicht auf dein Pferd steigen. Ich denke, wir machen jetzt zuerst ein paar Turnübungen, um deine Muskeln zu kräftigen." Er war sofort einverstanden, und so fing ich mit ihm langsam zu turnen an. Bei dieser Tätigkeit ist Herr M. ruhiger und zum Glück auch müde geworden. Er schlief ein, war einige Zeit ruhig und ich konnte mich zu ihm setzen.

Nach einer Pause ging es wieder von vorne los. Ich versuchte, ihn immer wieder abzulenken. Plötzlich wurde er sehr unruhig und rief: „Siehst du diese wütenden Kühe, sie bedrohen mich. Hilf mir, einen Schutzwall aufzustellen!" Seine Angst war greifbar und spürbar. Er wollte mit seiner Federdecke einen Hügel aufrichten. Ich habe ihm dabei geholfen, denn er war in Panik. Anschließend haben wir uns beide dahinter versteckt. Herr M. fühlte sich sicherer und ist darauf wieder eingeschlafen.

Beim Erwachen, einige Zeit später, hat er ganz befriedigt gefragt: „Bist du immer noch da? Sag mal, hast du die wütenden Kühe eigentlich auch gesehen?" Ich verneinte wahrheitsgetreu. Dann wurde er eine Weile nachdenklich und still. Ich merkte, dass er nun im Hier und Jetzt weilte. Er fragte weiter: „Aber wenn du doch die Kühe nicht gesehen hast, warum hast du mir geholfen, den Schutzwall aufzustellen?" Ich antwortete: „Weil du mich gebeten hast, ich solle dir helfen." Er nickte, und ich merkte, dass er wieder am Überlegen war. Er sprach eine ganze Weile nichts mehr. Plötzlich meinte er ganz schüchtern: „Aber gell, es macht gar nichts, dass wir zwei die Kühe nicht gesehen haben."

Ich musste leise lachen. Diese Situation hat mir jedoch auch gezeigt, dass Herr M. zurück in der realen Wirklichkeit angekommen war. Er ist sich bewusst geworden, dass diese Bedrohung nicht wirklich war. Wichtig war aber auch, dass ich ehrlich geantwortet habe und ihm sagte, ich hätte diese Kühe nicht gesehen. Auf alle Fälle war der Kranke ruhiger, und ich konnte, als die Ablösung kam, in Ruhe nach Hause gehen. Er war jedoch traurig, als ich mich verabschiedete, und meinte: „Ich hätte doch in seinem Bett schlafen können, wir hätten schon zu zweit Platz gehabt." Einfach süß.

Hinzuzufügen wäre noch, dass ein Arzt unser Tun beobachtet hatte und mich fragte, ob ich den Herrn M. kenne. Ich erklärte ihm, dass ich den Patienten eben erst kennengelernt hatte. Ich spürte, dass er sich über unseren vertraulichen Umgangston und das „du" wunderte. Ich erklärte ihm: „Wissen Sie, ich fühle, in welcher Situation der Kranke steckt, und wenn er zum ‚du‘ wechselt und mich um Hilfe bittet, dann mache ich das mit, so gut, wie ich es kann. Ich hole den Kranken dort ab, wo er ist. Ist er wieder im Hier und Jetzt, sind wir wieder beim ‚Sie‘. Ich achte die Persönlichkeit und die Würde jedes Menschen."

Ob es nun Wahnvorstellungen oder Halluzinationen waren, die Herrn M. plagten, spielt für mich keine Rolle. Wichtig ist und war für mich, dass ich die Wahrnehmung von ihm ernst nahm und ihm dadurch helfen konnte. Der Arzt hat sich nachdenklich und beeindruckt verabschiedet.

Mein Weg hat mich immer tiefer ins Geistig-Spirituelle eintauchen lassen. Ich durfte in intensiven Sterbebegleitungen noch viel mehr über andere Wirklichkeiten erfahren. Was ich bei diesen Begleitungen mit Schwerkranken und sterbenden Menschen erleben durfte, werden die folgenden Geschichten und meine Gedanken dazu aufzeigen.

Ich wurde und werde geführt. Mir wird diese Verbundenheit mit meinen geistigen Führern und Engeln immer mehr bewusst. Ich bin glücklich und dankbar darüber, dass ich ihre Hilfe spüren und annehmen kann. Sterben ist und bleibt ein Geheimnis. Jeder Mensch stirbt seinen eigenen Tod. Die Todesnähe ist der Weg zu Gott – ist der Weg zum Licht. Dieses heilige Geschehen wird spürbar, wenn es uns gelingt, uns mit dem Sterbenden zu verbinden. Schwerkrankenbegleitung ist reine Beziehungsarbeit; ich trete mit dem Sterbenden in eine Beziehung. Keine Beziehung ist möglich ohne Liebe, die Liebe ist ein gegenseitiges Annehmen und Verstehen. Die Liebe ist die größte Kraft, und nur mit dieser Kraft ist für mich Sterbebegleitung möglich.

Man sieht nur mit dem Herzen gut

Eine sanfte Bewusstheit,
auf unser noch verschlossenes Herz gerichtet,
lässt uns
das Antlitz Gottes
in allem und jedem erkennen.

EZRA BAYDA

Die Todesnähe im Zusammenhang mit Wahrnehmungsverschiebungen ist öfters anzutreffen. Sterbende sehen Dinge, die wir nicht sehen. Folgendes Beispiel möge es verdeutlichen:

In Frau M. durfte ich einer sehr weisen Seele begegnen, und das hat mich glücklich gemacht. Schon bei unserer ersten Begegnung ist spontan so viel Liebe und Verständnis zwischen uns gewesen, dass wir uns auf einer höheren Ebene finden durften – und das wussten wir. Über diese Beziehung in der Terminalphase möchte ich berichten.

Ich wurde zur Nachtwache aufgeboten, weil Frau M. nachts sehr unruhig war. Sie hat mich erkannt und lieb gelächelt, als ich an ihr Bett getreten bin. Nachdem ich einige Zeit auf ihrem Bett gesessen hatte und die Medikamente anfingen zu wirken, sah es so aus, als ob Frau M. einige Zeit schlafen würde. Ich habe es mir auf dem Lehnstuhl neben dem Bett richtig gemütlich gemacht, so viel Komfort bei einer Nachtwache hatte ich noch nie. Es war ganz still im Zimmer, man hörte nur die Atemzüge der Kranken.

Plötzlich unterbrach eine leise Stimme die Stille. Frau M. rief schüchtern: „Ps, Ps, Ps... Darf man sprechen?" Sofort habe ich mich zu ihr auf den Bettrand gesetzt und geantwortet: „Ja sicher, was möchten Sie sagen?" Sie antwortete: „Weißt du, einfach mit dir sprechen. Die Zeit ist viel zu kostbar, um zu schlafen, jetzt, da du hier bist. Weißt du, schlafen kann ich wieder, wenn nichts läuft."

Frau M. hat mir aus Ihrem Leben in Russland erzählt. Es war nur bruchstückhaft. Immer wieder waren es Szenen von Krieg und Flucht. Auch spürte ich große Angst. Dabei hat sie mir immer wieder die Hände geküsst und mich festgehalten, wie um sicher zu sein, dass ich sie nicht verlasse. Es gelang mir, sie zu beruhigen und ihr klar zu machen, dass sie keine Angst zu haben brauche, da ich ja bei ihr sei und auch bleiben werde, egal, was passiere. Diese Aussage schien sie beruhigt zu haben, denn sie nickte dankbar. Ich spürte intuitiv, wie sie dieser Zusicherung im Moment bedurfte. Ich saß still auf ihrem Bettrand und hielt ihre Hand. Es herrschte ein unbeschreiblicher Frieden, eine heilige Ruhe zwischen uns. Sie hatte ja so recht. Diese Zeit war viel zu kostbar, um zu schlafen. Ich war nun auch nicht mehr müde, sondern hellwach.

Plötzlich sagte Frau M: „Warum hast du eigentlich die Brille auf? Weißt du nicht, dass man ohne Brille besser sieht? Schaue mit geschlossenen Augen, und du wirst viel Schönes sehen." Ich nahm die Brille sofort ab und wusste, dass sie recht hatte, denn was nützt schon die Brille im spärlich beleuchteten Raum.

Jetzt war es wieder ganz ruhig im Zimmer. Tiefe Atemzüge haben mir verraten, dass Frau M. eingeschlafen war. Ich habe es mir in meinem Stuhl bequem gemacht und über unser Gespräch nachgedacht. Was wollte mir Frau M. damit sagen? Ich hatte meine Augen geschlossen und plötzlich – sah ich wunderschöne Blumen vor meinem geistigen Auge! Ich war tief ergriffen, denn Blumen mit so leuchtenden Farben hatte ich noch nie gesehen, ein ganzes Blumenmeer zog an mir vorüber. Eine einzigartige Erfahrung.

Schon einige Male, wenn ich mich einer Situation ganz hingegeben habe, durfte ich Ähnliches erleben. Nun wusste ich, was Frau M. meinte, als sie sagte, man sehe ohne Brille besser. Für diese spirituelle Erfahrung bin ich Frau M. zutiefst dankbar. Zum Glück erinnert mich diese Erfahrung immer wieder an Frau M., besonders dann, wenn ich tief im "Kopf-Denken" stecke.

„Man sieht nur mit dem Herzen gut. Das Wesentliche ist für die Augen unsichtbar." Auch diese Patientin ist die folgende Nacht ganz ruhig zu ihrem Schöpfer heimgekehrt.

Situation der Angehörigen

Als Krankenschwester und vor allem auch als freiwillige Sterbebegleiterin habe und hatte ich sehr viel auch mit den Angehörigen zu tun. Sie sind es, die

· die Hauptlast tragen und emotional am stärksten mit dem Kranken verbunden sind.
· schon lange ihre eigenen Bedürfnisse zurückgestellt haben, um ganz für den Schwerkranken da zu sein.
· den Kranken am längsten kennen, ihn lieben und mit seinen Eigenheiten und „Macken" vertraut sind.

Mutig, tapfer und unerschrocken sind sie fähig, den Kranken zu begleiten, aufzumuntern und zu ermutigen. Doch durch diese „Aufopferung" sind sie oft nicht mehr fähig, ihre eigenen Bedürfnisse zu erkennen. Sie gehen selten außer Haus, stehen in der

Nacht immer zur Verfügung und schlafen zu wenig. Sie nehmen dem Schwerkranken zuliebe alles auf sich, bis sie nicht mehr können. Spätestens in dieser Phase wird Hilfe angefordert.

Es ist aber für die Angehörigen gar nicht einfach, jemand Fremden in ihr Haus und an das Krankenbett zu lassen. Mit Behutsamkeit und Einfühlungsvermögen können wir erkennen, für was sie bereit sind, um loszulassen und anzunehmen. Als Begleiterin ist es am Anfang sinnvoll zu fragen: „Wie haben sie es gemacht?" „Wie möchte er/sie es am liebsten haben?" Gemeinsame Verrichtungen und Handlungen bringen uns näher zusammen, und spontane Gespräche entwickeln sich wie von selbst.

Zum Beispiel habe ich schon erlebt, dass es wichtig ist, aus welcher Tasse der Kranke trinkt; oder dass man den Teebeutel zuerst dem Kranken bringen muss, damit er riechen und auslesen kann, was ihn im Moment zusagt. Man darf dann nur nicht enttäuscht sein, wenn er oder sie den Tee gar nicht mehr will, sobald wir mit der Zubereitung fertig sind. Es erübrigt sich für mich zu erklären, dass – kaum ist der Tee kalt – der Kranke wieder Durst hat und die Zeremonie von neuem beginnt.

Ich hätte noch viele Beispiele. Immer bedarf es großer Geduld. Die Geduld und Ausdauer macht mit der Zeit auch den Angehörigen zu schaffen, daher brauchen sie unsere Unterstützung und Anteilnahme. Wichtig ist auch, immer mal wieder zu fragen, wie es ihnen denn gehe, wie Sie sich fühlen oder ob wir etwas für sie tun können.

Da die Angehörigen ja auch einen Abschiedsprozess bewältigen müssen und nichts verpassen möchten, kommen sie zusätzlich in Stress. Schuldgefühle und „Wiedergutmachungs-Gesten" sind häufig erkennbar. Manchmal kommt es vor, dass wir uns Sachen anhören müssen, die früher passiert sind und nicht so gut waren.

Nicht nur der Sterbende, sondern oft auch seine Lieben möchten sich von negativen Aspekten befreien.

Angehörige müssen nicht Verwandte sein. Oft werden gute Freunde als Familienmitglieder betrachtet. Sie werden vom Kranken bestimmt, weil sie einen Bezug zu ihm und seiner Familie haben. Das Gleiche, was für die Sterbenden gilt, gilt auch für deren Angehörigen. Das heißt: Achtsam zu sein, ein Auge zu haben für den anderen, ihn ernst und für voll zu nehmen. Erst wenn genug Vertrauen in der Beziehung aufgebaut ist und die Angehörigen sicher sein können, dass der Kranke in ihrem Sinne betreut wird, fällt es ihnen leichter, uns das Liebste zu überlassen.

Für den Kranken sind drei Sachen wichtig

- Behandlung, Betreuung und Begleitung
- Die Behandlung wird meistens vom Arzt übernommen.
- Für die Sterbebegleitung haben Betreuung und Begleitung Priorität.
- Betreuung heißt, Kontakte zu schaffen, eine Beziehung aufzubauen und eine Bindung einzugehen.

Nur so kommen wir wirklich in Kontakt mit dem wahren Menschen. Durch unser persönliches Dasein können wir den Angehörigen zeigen, dass es einen Sinn haben kann, liebend und verstehend auszuharren, auch wenn nicht mehr viele Handlungen ausgeführt, also nicht mehr viel für den physischen Körper getan werden kann.

Nochmals anders ist die Kommunikation in der Sterbephase. Vielfach benützen die Sterbenden eine Symbolsprache, sie drücken sich also in Zeichen aus. Ein aussagekräftiges Beispiel habe ich bei einer jungen, an Aids erkrankten Patientin erlebt. Einmal, als ich ins Zimmer trat, war sie sehr unruhig. Sie empfing mich mit den Worten: „Gut, dass du kommst. Hilf mir bitte, diese Käfer einzusammeln, sie fressen mich sonst auf." Ich fragte: „Wo sollen da Käfer sein?" Sie antwortete: „Ach, bist du blöd, siehst du denn nichts, hier und hier und da." Sie sprach so überzeugt und bestimmt, dass ich anfing, die Käfer auf der Bettdecke einzusammeln, immer dort, wo sie mit dem Finger hingezeigt hatte. Ich sammelte sie in meine hohle Hand und machte Anstalten, sie zu zerdrücken. Sie rief ganz entsetzt: „Mach sie bitte nicht kaputt. Setze sie aufs Fensterbrett, aber ganz vorsichtig. Weißt du, daraus entstehen bald viele schöne Schmetterlinge."

Jetzt erst hatte ich begriffen, dass Frau H. den Transformationsprozess meinte, den sie im Moment durchlief. Ich, die ich mir so blöd vorkam, Käfer einzusammeln, die es gar nicht gibt, hatte also endlich begriffen, dass die Käfer, die sie angriffen, ihre unheilbare Krankheit war. Diese Patientin wusste genau, dass bald alles besser und sie sich selber auch in einen Schmetterling verwandeln würde. Ich wurde daran erinnert, dass Dr. Kübler-Ross immer wieder von diesem Symbol sprach:

„Wenn wir die Prüfungen, die uns auf der Erde aufgegeben waren, bestanden haben, dürfen wir den Abschluss machen. Wir dürfen unseren Körper ablegen, der unsere Seele gefangen hält, wie ein Kokon den zukünftigen Schmetterling einschließt; und wenn die Zeit reif ist, können wir ihn loslassen. Dann werden wir frei sein von Schmerz, frei von Angst, frei von Kummer… frei wie ein schöner Schmetterling, der zu Gott heimkehrt."[4]

Sterbebegleitung: Persönliche Erfahrungen

Folgendes ist ein Versuch, nach meinen eigenen persönlichen Erfahrungen darzustellen, was auf der physischen Ebene und was auf der geistigen Ebene geschieht:

- Krämpfe und Todeskämpfe, die zum Teil schwer und erschreckend sein können, sind für den betroffenen Körper nicht so schlimm, wie es für uns aussieht.

- Nicht in jedem Fall löst sich der feinstoffliche Körper leicht vom physischen Körper.

- Einem Menschen, der das Loslassen schon beizeiten geübt hat, gelingt es besser, sich zu lösen; dieser Prozess dauert dann weniger lang.

- Der Astralkörper löst sich und ist für hellsichtige Menschen sichtbar. Er steigt auf als weißer Schatten, wie Dampf, Dunst oder Nebel.

- Wir können sicher sein und darauf vertrauen, dass uns Schutzengel und Geistführer bei diesem Prozess helfen.

Was kann ich tun, um dem Sterbenden beizustehen?

- Ruhe vermitteln: Ruhe im Sterbezimmer zu Hause, Ruhe vor dem Krankenhausbetrieb, leises Sprechen.

- Angehörige teilnehmen lassen, auch Kinder.

·   Mehr Menschen als Maschinen um das Sterbebett.

Übermäßiges, hemmungsloses Trauern, Wehklagen und Schreien macht es dem Sterbenden schwer, weiterzugehen. Er ist in dieser Phase noch stark mit den Angehörigen verbunden; er wird zurückgehalten.

Wie spricht man zu Sterbenden und Angehörigen?

Immer dem Alter angepasst. Den Kindern erklärt man zum Beispiel, dass sie, wenn sie sterben, in eine schönere Welt gehen; dass sie nie alleine sind und vom Schutzengel begleitet werden; dass sie dort auch spielen können usw. Die geistige Welt existiert.

Bei gottgläubigen Personen verlaufen die Gespräche gut. Bei Menschen, die an Gott glauben, aber nichts mehr mit der Kirche zu tun haben wollen, ist es sinnvoll, nur von der Liebe Gottes zu sprechen. Gott ist Liebe, bedingungslose Liebe.

Wichtig ist, verzeihen zu können und keinen Groll auf die andere Seite mitzunehmen. Ein „Für-sich-Gutmachen" auf dieser Seite ist einfacher. Das gibt eine ausgleichende Gerechtigkeit. Ein Gesinnungswandel ist noch im letzten Moment möglich. Man ändert die Frequenz, wenn man sich für das Licht entscheidet, und somit ist es den guten Mächten besser möglich zu helfen. Mit dem Tod ist nicht alles aus, es gibt ein Weiterleben nach dem Tod. Energie geht nie verloren! Wie in der Natur, geschieht eine Wandlung, eine Transformation.

Begegnung

In der Sterbebegleitung findet eine tiefere Begegnung statt als im alltäglichen Leben.

Wenn ich mich der Situation stelle und versuche, meine Mitte zu spüren, findet eine Wahrnehmung statt. Ich werde zum Wahrnehmenden. Jetzt bin ich offen für alles, was geschieht. Jetzt, wenn ich bei mir selber bin, wird aus meiner Zuwendung eine Hinwendung.

Auf der weltlichen Ebene ist mir der/die Sterbende vielleicht nicht bekannt. Ich bin ihm/ihr noch nie begegnet. Wir kennen uns nicht. Ich sehe ihn/sie zum ersten Mal. Es kann vorkommen, dass zuerst eine Ablehnung da ist. Doch wenn es sein soll, dann findet früher oder später eine tiefe Berührung der Seelen statt. Aus der menschlichen Zuwendung wird eine spirituelle Hinwendung. Dann wird die Begegnung zum gegenseitigen Geschenk. Als Begleiter bin ich nie nur der Gebende, nie nur die Nehmende. Es ist ein Austausch von Geben und Nehmen. Ich bekomme viele Botschaften und Erkenntnisse, die mein Leben bereichern können.

Wenn jemand bereit ist, einem Menschen in Liebe zu begegnen oder wenn er ihm helfen möchte, muss er oder sie sich auf die gleiche Ebene begeben. Das heißt, den Nächsten da abholen, wo er gerade steht. Das bedeutet, in der Sterbebegleitung sich vorstellen oder einfühlen zu können, was mein Gegenüber im Moment empfindet.

Über den Körperkontakt, das Berühren der Hände, das Halten der Hände, ist es möglich, diese Menschen zu erreichen – das meint *wahrnehmen*. Die rein körperliche Berührung kann so zu einer zarten Erfahrung werden.

Ich werde berührt.

Jetzt hat die gegenseitige Begegnung auch auf der körperlichen Ebene spürbar stattgefunden. Darf ich Engel sein – für meine Nächsten? Erkenne ich den Engel in ihm? Unsere Seelen haben sich berührt. Auf der seelischen Ebene sind wir alle gleich.

- Führende Hände leiten diese Begegnung.
- ER leitet unsere Hände.
- ER ist das Zentrum allen Seins.
- ER ist das Zentrum des Universums.
- Durch IHN erkenne ich Gott im Nächsten.
- Ich übergebe den Sterbenden dieser höheren Instanz und vertraue ihn der allumfassenden Liebe Gottes an.

Die offene Tür

Barbara hatte schon mehr als zwei Jahre gar keinen Kontakt mehr zu ihrem alten Vater. Es war nicht ihre Schuld, der Vater wünschte sich ausdrücklich, dass die Tochter ihn nicht mehr besuchen solle. Er hatte sie sogar aus dem Haus gewiesen. Der Grund ist mir nicht bekannt und spielt in dieser Geschichte auch keine Rolle.

Barbara hat sich schweren Herzens nach dem strikten Willen des Vaters gerichtet. Der Konflikt und die Kontaktsperre hat ihr mit der Zeit sehr zu schaffen gemacht. So geschah es, dass sie schon einige Tage immer wieder an ihren Vater denken musste. Sie war unruhig und spürte, dass irgendetwas bei ihm nicht in Ordnung ist. Durch einen Zufall hatte sie von anderen erfahren, dass ihr Vater tatsächlich krank geworden war. Sie wusste jedoch nichts Näheres, ob es eventuell ernsthafter Natur war oder nur eine vorübergehende, altersbedingte Schwäche.

Eines Tages hatte sie eine besonders große Rastlosigkeit ergriffen. Die gleichen Gedanken kreisten unaufhörlich in ihrem Kopf: „Was soll ich jetzt wohl machen? Soll ich wirklich zum Vater hingehen, es einfach wagen und nachschauen, wie es ihm geht? Was mache ich bloß, wenn seine Tür verschlossen ist und er mich nicht hineinlässt? Er hat doch sehr abrupt und konsequent den Kontakt abgebrochen und verlangt, ich solle ihn in der Zukunft in Ruhe lassen und auch nicht vorbeikommen."

Wieder verging eine kurze Zeit, Barbara ließ aber die Sorge um das Wohlergehen ihres Vaters keine Ruhe mehr. Es zog sie richtig zu ihm hin. Schlussendlich hat sie ihre Enttäuschung und alle verletzten Gefühle beiseite gelegt und ist unangemeldet zu ihm hingefahren. Und siehe da, die Tür war nicht verschlossen, sie konnte eintreten. Der alte Vater saß allein im Lehnstuhl, und als er die Tochter hineinkommen sah, ging plötzlich ein Leuchten über sein ganzes Gesicht, und er sprach zur Begrüßung die Worte: „Jetzt bist du da, nun kann ich in Frieden sterben."

Barbara erzählte mir ergriffen weiter: „Ich habe meinen alten und gebrechlichen Vater in die Arme genommen und durfte dabei unerwartet seine Liebe und Verbundenheit spüren. So nahe war ich meinem Vater noch nie. Weißt du, es war so ein bewegender, glückseliger Moment, als wir uns spontan umarmt haben. Er wird mir als Juwel ewig in Erinnerung bleiben. Alle früheren Unstimmigkeiten, aller Ärger, alle Wut, alle alten verbalen Verletzungen waren einfach weg. Es war eigenartig. Es bedurfte keiner Worte mehr. Die Vergangenheit war abgeschlossen, der totale Friede herrschte zwischen uns. Es war für mich ein so wunderbares Nach-Hause-Kommen, und das meine ich nicht nur im wörtlichen Sinne." Die Freude über die gegenseitige Wiedervereinigung war beiderseits ein Geschenk und wurde auch so gefühlt.

Nach einer kurzen Pause erzählte mir Barbara weiter: „Vater hätte jeden Tag auf sie gewartet und sich so innig gewünscht, sie käme einfach vorbei, trete durch die Tür, und alles sei wieder gut. Deshalb hatte er schon längere Zeit die Türe nicht mehr abgeschlossen. Ich glaube, er hat mit dieser Geste auch seine innere Tür weit aufgetan. Er war bereit zur Versöhnung, er war endlich auch fähig dazu. Obwohl er fühlte, dass seine Zeit begrenzt war, habe er es leider nicht geschafft, den ersten Schritt zur Versöhnung zu tun. Er hätte auch keine Kraft mehr gehabt, eine Auseinandersetzung durchzustehen." Barbara hat tief in ihrem Herzen empfunden, dass das alles auch nicht mehr nötig war. Die Vergangenheit war endgültig abgeschlossen. Das Einzige, was jetzt zählte und von großer Bedeutung war, waren nur noch die letzten Tage und Stunden, die sie zusammen verbringen konnten. Und die waren doch so kostbar.

Es wurde eine wunderbare Zeit, die die Tochter mit ihrem schwerkranken Vater noch verbringen durfte. Schon bald musste er ins Krankenhaus eingewiesen werden, weil seine Krankheit sich als sehr ernst erwies. Barbara besuchte ihn von da an täglich. Der Vater konnte alle seine Emotionen offen zeigen, die in seinem früheren Leben total verdrängt und blockiert waren. Er, als das autoritäre Oberhaupt der Familie, wollte sich „stark" zeigen, und dazu gehörte es nicht, irgendwelche für ihn „schwache" Emotionen zuzulassen. Seine schwere Jugend und die Verantwortung im Beruf und für die Familie hatten ihn hart gemacht. Erst jetzt, im Sterbeprozess, konnte seine empfindliche Natur zu Tage treten, und er konnte auch die ihn schwer geprägt habenden bitteren Erfahrungen des Krieges hinter sich lassen. Sie gehörten der Vergangenheit an. Vater habe ihr, so erzählt Barbara weiter, noch ein Geschenk gemacht, eine Pendule, jene Uhr, die sie schon als Kind sehr geliebt hatte. Die Uhr als Symbol für die vergangene

Zeit? Wie ein Dank für all diese Zeit, die sie ihrem Vater in Liebe gewidmet hatte? So könnte man es sehen. Seine letzten Tage und Stunden, bis es Zeit wurde zu gehen. Diese Zeit, die die kostbarsten Stunden in ihrer Vater-Tochter-Beziehung barg.

Sichtlich bewegt sprach Barbara weiter: „Sein Tod ist für mich ein unvergessliches Erlebnis gewesen. Ich durfte sehen, wie sich sein Gesicht beim Sterben veränderte. Ich habe darin seine verschiedenen Lebensalter gesehen und dann – blieb beim alten Vater jenes Tages meine Wahrnehmung stehen. Ein großer Friede ist auf seinem Gesicht sichtbar geworden, und er hat gelächelt. Erst bei diesem Lächeln habe ich erkannt, das der Vater tot war. Auch wenn ich das alles miterleben durfte, sein friedliches Gesicht sah und eine immense Liebe spürte, war ich sehr traurig, als er hinübergegangen ist. Der Abschied tut einfach weh, auch wenn man es einsieht und weiß, dass es dem Verstorbenen jetzt gut geht."

Was ich an dieser Erzählung so bemerkenswert finde, ist diese Art der Versöhnung.

Man war bereit zu verzeihen, ohne nochmals die verbalen Verletzungen der Vergangenheit aufzuarbeiten. Es war nicht mehr nötig. Hier war es den beiden gelungen, in großer Liebe und gegenseitigem Wohlwollen aufrichtig verzeihen zu können, ohne die schwierigen Emotionen nochmals durchleben zu wollen oder zu müssen. Eine einfache seelische Versöhnung von Herz zu Herz hatte stattgefunden. Es reichte, es war genug. Der Widerstand wurde in Liebe umarmt.

Barbara erzählte mir weiter: „Ich habe meinen lieben Vater nach seinem Tod noch einige Zeit um mich gespürt, da bin ich ganz sicher, denn ich habe seinen Tabakgeruch deutlich wahrgenommen – in meiner Wohnung raucht niemand. Um mit dem Trauerprozess besser umgehen zu können, habe ich für mich selber ein stilles Ritual veranstaltet, das mich sehr getröstet hat. Es war beim Aufräumen seiner persönlichen Sachen. Jedes Kleidungsstück habe ich langsam und würdevoll zusammengelegt. So viele schöne Erinnerungen bei jedem Stück sind hochgekommen. Ich ließ mir viel Zeit, um in aller Ruhe nochmals die erlebten Stunden vorbeiziehen zu lassen, und habe enorme Zärtlichkeit und Dankbarkeit dabei empfunden. Es war für mich und für meine Trauerarbeit sehr wichtig.

Beim Aufräumen seiner Wohnung fand ich überraschend auch ein Gedicht: Ein handgeschriebenes Liebesgedicht vom Vater an unsere Mutter, das er in seinen jungen Jahren verfasst hatte, schön und zärtlich geschrieben. Darin kam seine andere Seite, ausgerechnet diese Feinheit und Herzensgüte, die ich früher nicht kennengelernt hatte, so wunderbar zum Ausdruck. Dieses Gedicht ist ein Juwel für meine Trauer. Es hat mich zutiefst glücklich gemacht, weil ich ihn in seinem Sterben auch so feinfühlig erleben durfte."

Barbara und ich waren beim Erzählen der Geschichte tief berührt und haben die Gegenwart des Vaters deutlich wahrgenommen. Er war mit uns. Die Tür hat sich nochmals geöffnet.

Das alte Ehepaar – Liebe bis in den Tod

Es gab ein altes Ehepaar. Die Frau war an Alzheimer erkrankt und wurde von ihrem Mann aufopfernd gepflegt und umsorgt. Keine leichte Aufgabe für einen Mann, der schon selber älter war und auch an Altersbeschwerden litt. Doch sie wollten zusammen bleiben und einander helfen, so lange es einfach möglich war.

Plötzlich wurde der Mann krank und musste notfallmäßig ins Krankenhaus eingeliefert werden. Eine Notoperation war nötig, und anschließend wurde Herr W. auf die Intensivstation verlegt. Seine hilfsbedürftige Frau, die man nicht alleine lassen konnte, wurde von ihrer Tochter, die weiter weg wohnte, vorübergehend betreut. Es ging nicht gut zu Hause. Die Frau hat in ihrem dementen Zustand nicht begriffen, wieso ihr Mann plötzlich nicht mehr da war. Obwohl sie noch lichte Momente hatte, also vorübergehend geistig klar war, vergaß sie immer wieder, dass ihr Mann im Krankenhaus weilte und sie nicht bei ihm sein konnte. Sie irrte Tag und Nacht im ganzen Haus umher und suchte ihn krampfhaft. Es war für die Tochter ein unhaltbarer Zustand. So hat man die kranke Frau mit viel Bürokratie auch ins Krankenhaus aufgenommen und in ein Zweibettzimmer zu ihrem Mann gelegt.

Am ersten Nachmittag ging es noch gut, und man glaubte, die Frau sei etwas ruhiger in Anwesenheit des Ehemannes. Doch in der Nacht war sie erneut unruhig und verwirrt. Sie stieg immer wieder aus dem Bett, ging zu ihrem Mann und weckte ihn. Der frisch operierte Patient hatte noch verschiedene Schläuche und Sonden. In einem unbeaufsichtigten Moment zog die Frau seine Magensonde heraus und sagt zu ihrem Gatten: „Weißt du, das brauchst du jetzt nicht mehr, das stört dich ja nur." Natürlich hat er die Sonde noch gebraucht, und sie musste wieder eingeführt werden. Die Nachtschwester hatte großen Stress zu bewältigen, sie konnte doch nicht immer nur in diesem Patientenzimmer sein. Es waren ja noch andere Patienten da, um die sie sich kümmern musste. Dies ist die Vorgeschichte zum folgenden Erleben.

Für die nächste Nacht wurde ich zur Nachtwache bei diesen zwei Patienten aufgeboten. Als ich um 20 Uhr den Dienst antrat, wurde ich von Frau W. herzlich begrüßt. Ihr Ehemann lag sichtbar geschwächt in seinem Bett und schlief. Vom Pflegepersonal wurde ich angefragt, ob ich Frau W. für die Nacht bereit machen würde. Sie ließ sich willig beim Ausziehen ihrer Kleider helfen.

Das Zähneputzen gestaltete sich etwas mühsamer. Immer wieder ist sie aufgestanden und wollte mit ihrer Zahnbürste auch seine Zähne putzen. So hat sie ihren schlafenden Mann wiederholt belästigt, bis ich ihr klarmachen konnte, dass seine Zähne schon gereinigt im Zahnglas lagen. Erst als sie seine Prothesen sah, konnte sie es begreifen.

Als wir endlich so weit waren, dass die Patientin auch ins Bett gehen sollte, weigerte sie sich lautstark. So wolle sie nicht schlafen, sie wolle ganz nahe bei ihrem Mann sein, und die Betten sollten zusammengeschoben werden. Mit der Hilfe einer Pflegeassistentin haben wir eine Ehebett ähnliche Situation geschaffen. Glücklich und sichtlich zufrieden ist Frau W. ins Bett gegangen und hat sich sofort an ihren Mann gekuschelt. „Gell, so gefällt es dir doch auch besser", sagte sie zu ihm. Er hat nur schwach gelächelt.
Wenig später hat sie wieder eine Unruhe erfasst. Sie rief zu ihrem Mann: „Schatz, wir haben noch etwas Wichtiges vergessen. Wir müssen noch zusammen beten. Das machen wir doch immer so." Dann hat die Frau ihrem Mann liebevoll die Hände gefaltet und betete: „Müde bin ich, geh zur Ruh, schließe meine Augen zu…" Weiter kam sie nicht. Dann hat sie ihrem Gatten das Kreuzzeichen auf die Stirn gezeichnet. Es war so eine ergreifende Geste. Mir sind Tränen der Rührung ins Auge gestiegen. Zum Abschluss hat sie ihren Mann geküsst und sich dann hingelegt. Der Mann hat alles mit sich geschehen lassen, hat seiner Frau auch eine gute Nacht gewünscht und mitgeteilt, sie solle ihn jetzt schlafen lassen. Er brauchte ja seine Ruhe dringend. Anschließend ist Frau W. endlich eingeschlafen.

Ich habe es mir im Stuhl bequem gemacht und gehofft, auch etwas ruhen zu können. Dem war aber nicht so. Immer wieder wurde Frau W. von ihrer Unruhe ergriffen, ist aufgestanden und im

Zimmer herumgeirrt. Ich hatte alle Hände voll zu tun. Dauernd wollte sie bei ihrem Mann ins Bett steigen oder seine Infusion und andere Leitungen entfernen. Es war eine anstrengende Nacht für uns alle. Erst als man der Patientin ein stärkeres Beruhigungsmittel verabreicht hatte, konnte sie etwas Schlaf finden.

Schön und beeindruckend war für mich diese eine Nacht dennoch, als die zwei noch einmal zusammen sein konnten. Hatte die demente Frau doch noch einmal die Nähe und Zärtlichkeit ihres Gatten erleben dürfen. Liebe bis dass der Tod uns scheidet. Dieser Satz aus dem Eheversprechen des alten Ehepaares ist mir in lieber Erinnerung geblieben.

Das Rührende an der Geschichte finde ich, wie das alte Ehepaar so liebevoll und zärtlich miteinander umging. Selbst als beide von der Krankheit verändert waren, konnte man noch spüren, dass sie sich von Herzen liebten und bis zum Tod zusammengehörten.

Das Traurige an der Geschichte war für mich, als man mir vom Pflegepersonal mitteilte, die Frau würde am nächsten Morgen in ein Heim verlegt, wo Demenz-Kranke betreut wurden. Ich weiß nicht, wie es weitergegangen ist. Sicher war sie auch dort unruhig und hat ihren Mann gesucht. Doch die Verlegung musste sein. Der frisch operierte Gatte hatte keine Ruhe, um sich von seiner schweren Operation zu erholen.

Bemerkenswert ist für mich auch, dass man auf der Intensivstation alles versucht hat, um die zwei erkrankten Menschen nicht trennen zu müssen. Ja, es gibt sie noch, die engagierten Ärzte und Pflegepersonen, denen das Wohl der Kranken an oberster Stelle steht.

Brauchen wir Gott in der Medizin?

Die ärztliche Heilkunst ist mehr als Medizin, auch mehr als Naturwissenschaft und Technik. Sie entscheidet vielfach über den Ausgang einer Therapie. Medikamente und Operationen sind manchmal unumgänglich. Ein gebrochenes Bein muss gegipst, ein Blinddarm operiert und eine klaffende Wunde genäht werden. Das wissen wir alle. Ich arbeitete einige Jahre als Chirurgieschwester auf verschiedenen Abteilungen und auch mehrere Jahre auf der Intensiv-Station. Meine Erfahrung hat mir gezeigt, je schwerer und aussichtsloser eine Krankheit ist, umso mehr werden andere Maßstäbe angelegt.

Viele Kranke, die auf dem medizinischen Weg keine Hilfe mehr finden, so genannt „austherapiert" sind, wenden sich vermehrt alternativen Heilmethoden und Gott zu. Der Spruch "Jetzt kann mir nur noch Gott helfen" ist gar nicht so selten, wie man meinen könnte. Früher, viel häufiger als heute, haben die Patientinnen und Patienten die Verantwortung für ihr Wohlergehen auf die professionellen Heiler und Heilerinnen abgeschoben. Da war vor allem der Hausarzt die Vertrauensperson, mit ihm konnte man alles besprechen. Meistens hat er auch schon die Eltern oder Großeltern behandelt und kannte die ganze Familie mit ihren Besonderheiten und Vorlieben. Ein großer Vorteil, wenn man den Patienten und sein Umfeld so gut kennt.

In der heutigen Zeit, und je größer die Spezialisierung wird, kommt der Mensch als ganzheitliches Wesen mit Körper, Seele und Geist zu kurz. Er wird mit verschiedenen Krankheiten auch von verschiedenen Ärzten angeschaut und behandelt. Es gibt weniger eine konstante Bezugsperson. Die Krankenhaus-Seelsorge und auch engagierte Pfleger/innen bemühen sich, dieses Manko auszugleichen. Doch es reicht bei weitem nicht aus.

Der Glaube an Gott ist an keine Religion gebunden. Der Mensch und seine Bindung an Gott treten in verschiedenen Facetten in Erscheinung. Aus meiner Erfahrung gehen gläubige Menschen viel einfacher mit einer bedrohenden Erkrankung um. Sie haben einen sicheren Halt. Der Halt ist Gott und das unerschütterliche Vertrauen in seine Fürsorge und Hilfe. Mit dieser gottgläubigen Haltung habe ich schon vielen Menschen begegnen und sie begleiten dürfen. Dass Gott heilt, wurde mir erst so richtig bewusst, als ich anfing, mich mit dem Geistigen Heilen zu befassen. Zuerst wurde ich zu Reiki geführt. Durch Handauflegen bin ich schneller mit den Schwerkranken in eine tiefe Verbindung gekommen.

Was ist Reiki?

Reiki ist eine Energie-Übertragung durch Handauflegen, eine kraftvolle Energie, die jeder nutzen kann. Die Kunst des Handauflegens ist so alt wie die Menschheit. Bei einer Reiki-Übertragung benutzt der/die Behandelnde nicht die eigene Energie, sondern ist ein Kanal für die kosmische, universelle Lebensenergie.

Reiki (Re = göttlich, Ki = Energie) ist eine fernöstliche Heilweise und an keine Religion gebunden. Jeder kann mit dieser Kraft in Berührung kommen. Die Reiki-Kraft zielt in erster Linie auf Selbstheilung. Einmal in Seminaren eingestimmt, reicht die bewusste oder förmliche Absicht, Kanal zu sein, und schon strömt „Qi" (Lebenskraft) ein. Reiki bewirkt wahre Wunder im Aufbau der eigenen Mitte. Es kann entscheidend dazu beitragen, die Psyche eines Menschen zu stabilisieren und etwaigen Neigungen zu Depressionen entgegenwirken. Reiki bewirkt die Linderung von Schmerzen und beschleunigt alle Heilungsprozesse. Ich habe schon einige Male erfahren, wenn ich bei Sterbenden Reiki anwandte, dass alle so Behandelten ruhiger wurden und einen friedlichen Übergang in die andere Welt erfahren durften.

Reiki ist hier nur als ein Beispiel aufgeführt. Reiki unterscheidet sich für mich nicht von anderen Formen der Energieübertragung. Durch Handauflegen werden Kraft und Heilströme in den Körper geleitet. Der Organismus nimmt die Kraft auf und leitet sie selbst dort hin, wo sie am meisten gebraucht wird. Man muss wissen und darf darauf vertrauen, dass die Reiki-Energie intelligent ist und sich ihren eigenen Weg des Wirkens sucht.

Heute, da die Berührungsängste so weit verbreitet sind, ist es sinnvoll, Menschen, wenn sie es zulassen können, "heilend" zu berühren. Vom Herzen durch die Hände fließt diese Kraft. Man braucht nur offen dafür zu sein. Ich bin davon überzeugt und spüre es auch deutlich, dass da tatsächlich etwas geschieht. Diese Energie ist messbar und wurde schon einigen Tests unterzogen, um einen Placebo-Effekt auszuschließen. Placebo nennt man Tabletten, die kein Medikament enthalten. Also Scheinmedikamente, die nur wirken, weil Hilfesuchende von ihrer Wirkung überzeugt sind.

Ich hatte nie meine Zweifel. Das folgende Beispiel möge aufzeigen, wie ich Gewissheit bekam:

Eine liebe Berufskollegin, der ich helfen konnte, mit dem Tod ihres frisch geborenen Kindes fertig zu werden, hat mich angerufen, ich solle doch bitte sofort zu ihr auf die Geburts-Station kommen. Ich habe sofort erkannt, dass es eine Notsituation war. Sie hatte einen Tag vorher ihr zweites Kind geboren. Leider ging es dem kleinen Mädchen nicht gut. Es war in der Isolette und sollte per Helikopter in ein größeres Krankenhaus verlegt werden. Die Mutter war in panischer Angst, dass sie dieses Kind auch noch verlieren könnte. Zuerst wollte mich die diensttuende Krankenschwester nicht ins Säuglingszimmer lassen, doch die Mutter bestand darauf.

Da lag das kleine Menschlein schwer atmend im Brutkasten, angeschlossen an Sonden und Monitore. Die Mutter bat mich darum, ihrem Kind Reiki zu geben. Ich habe mich eingestimmt, Gott um Heilung gebeten und meine Hände auf das Gehäuse der Isolette gelegt. Es ging nicht lange, so haben die Messgeräte Alarm geschlagen. Die Pulsfrequenz des Säuglings war angehoben und die Atmung vertieft. Die Krankenschwester kam herbeigeeilt und sagte: „Treten Sie von der Isolette zurück. Sie erregen das Kleine zu stark." Leider hatte ich zu dieser Zeit noch nicht den Mut ihr mitzuteilen, was den Säugling erregt hatte. Ich habe mit der Mutter gesprochen und ihr erklärt, ich würde der Kleinen Fernbehandlungen zukommen lassen. Sie war getröstet und hat das Kind wenig später in die Universitätsklinik Zürich begleitet. Bei einer Fernheilung sind der Heiler und der Patient räumlich getrennt. Die Entfernung hat auf die Wirksamkeit der übermittelnden Heilkräfte keinerlei Einfluss.

Gott ist der größte Heiler

Und noch ein Punkt, den ich ansprechen möchte. Die Religiosität macht Heilung wahrscheinlicher, dafür sprechen medizinische Fakten. Ein Gebet stellt eine Beziehung zu Gott her, und dieses höhere Wesen ist es, das in seiner Allmacht und Gnade heilt. Davon waren in diesem Beispiel die Eltern des Kindes und ich überzeugt. Für das kleine Mädchen wurde auch viel gebetet.

Schulmedizinische Deutungen sagen: Gebete lösen eine Reihe psychischer Vorgänge aus, die die Genesung fördern. Der bloße Glaube an ihre Wirkung könne auch als mächtiges Placebo wirken, es setze dem Körper innewohnende Selbstheilungskräfte frei. Das Gebet macht innerlich ruhig und zuversichtlich, vertreibt die Angst und Verzweiflung. All dies sind Faktoren, die sich psychosomatisch günstig auswirken.

Ich finde die medizinischen Deutungen unvollständig und einseitig. Wie erklärt es sich zum Beispiel, dass Fernheilungen durch Gebete möglich sind, auch wenn die Kranken nichts davon wissen? Wie können Gebete auch Kinder und Bewusstlose erreichen? Warum ist die Kraft der Gebete selbst bei Tieren und Pflanzen experimentell nachweisbar? Wie verhält es sich mit all den überzeugenden Heilungen an Wallfahrtsorten? Alles Fragen, die im Raum stehen.

Ich für meinen Teil wollte mit diesem Beispiel nur aufzeigen, wie diese Kraft, die als Energie fließt, auch über Messinstrumente sichtbar ist und Alarm auslösen kann. Sicher hat diese Energie dem Säugling nicht geschadet. Der Monitor und die Krankenschwester konnten es nur nicht verstehen. Die Aufgabe der beiden ist ja, jede Veränderung zu registrieren. Das kleine Sorgenkind von damals ist zum Glück heute ein aufgeweckter und gesunder Teenager.

Für mich ist diese Kraft ein großes Geschenk, und ich habe Ehrfurcht und Respekt davor. In Amerika lernen die Krankenschwestern und interessierte Laien die Praxis des „Therapeutic Touch": „TT", „Therapeutische Berührung" oder „Heilende Berührung". In mehreren USA-Staaten gehört TT bereits zur Ausbildung angehender Krankenschwestern. In den TT-Kursen lernen die Teilnehmer, die Energiefelder des Körpers zu spüren. Empfindungen wie Wärme, Kälte, Prickeln oder Pulsieren sind wahrnehmbar. Energiestaus, selbst Blockaden können so behandelt werden. Ob auch Heilung geschieht, bestimmt nicht der/die Behandelnde. Wir sind nur ein Kanal. Reiki und Therapeutic Touch sind keine Alleintherapien, sondern eine zusätzliche Hilfe. Ich schreibe so ausführlich darüber, weil ich in meinem Pflege-Alltag und später in der Sterbebegleitung immer wieder in diesem Sinne den Kranken meine Hände aufgelegt habe. Ich glaube, wenn wir fähig sind, Offenheit auch für solche "neuen" Methoden aufzuzeigen, erhalten wir verschiedene Ideen und Anregungen, die wir als Pflegende und Betreuende sinnvoll für uns und die Patienten einsetzen können.

Ein Beispiel

Als ich an einem Morgen mit den Medikamenten ins Krankenzimmer kam, sah ich sofort, wie Frau M. schwer atmend in den Kissen lag. Ich ging zu ihr hin und legte ihr meine Hand auf die Stirn. Mit meinem linken Arm habe ich sie gestützt. In Gedanken habe ich mich sofort mit der Göttlichen Heilkraft verbunden und bat Gott um Heilung und Führung.

Als die Patientin etwas ruhiger wurde, fragte ich: „Frau M., haben Sie Angst vor dem Sterben?" „Nein, Schwester, vor dem Tod habe ich keine Angst. Ich habe nur Angst vor dem Ersticken", antwortete sie leise und kurzatmig. Als die Patientin wieder etwas Luft geholt hatte, sprach sie weiter: „Wissen Sie, ich habe schon so viel Güte und Liebe von Gott erfahren. Ich kenne Ihn. Ich hatte einmal eine wunderschöne Gotteserfahrung. Ich konnte jedoch mit niemandem darüber sprechen, es glaubt mir doch niemand."

Ich spürte, dass die Kranke etwas Wunderbares erlebt hatte. Ich fragte sie, ob sie dieses tiefgreifende Erlebnis mit mir teilen möchte. „Ja, gerne", flüsterte die Patientin ergriffen weiter. „Wissen Sie, Schwester, ich habe das göttliche Licht gesehen." Sofort, als die Kranke davon sprach, wusste ich intuitiv, wovon sie sprach. Ich habe mich an meine eigene Lichterfahrung erinnert, wurde wieder von dieser Energie ergriffen und sagte zu der schwerkranken Frau: „Wissen Sie, ich weiß, wovon Sie sprechen. Ich habe dieses Licht auch einmal erfahren. Da war auch diese große, unbeschreibliche Liebe und Güte." Die Schwerkranke flüsterte weiter: „Wissen Sie, ich sah das Licht vom Kreuz herab, als ich in einer englischen Kathedrale betete. Es war jedoch nicht nur das Licht, da war plötzlich diese immense Liebe und unendliche Güte, die mich ganz durchdrungen hat." Ich nickte ergriffen und antwortete: „Ja, ich weiß." Beide hatten wir Tränen in den Augen, uns verband eine innere Wahrheit. Wir waren eine Weile ganz still und bewegt.

In diese Stille hinein sprach die Frau weiter: „Wissen Sie, Schwester, ich hatte vor vielen Jahren den Mut und berichtete dieses Erlebnis einem Seelsorger. Der hat mich jedoch nicht verstanden. Er meinte, das hätte ich mir nur eingebildet, und somit sprach ich nie mehr mit jemandem darüber. Sie sind der einzige Mensch, dem ich mich danach anvertraut habe. Ich weiß und fühle: Sie wissen, wovon ich spreche."

Nach einer kurzen Pause legte ich der schwachen Patientin ganz sachte meine Hand auf die Stirne und spürte, wie die Heilenergie floss. Ich antwortete ihr: „Ja, ich kann Sie verstehen, weil ich Ähnliches erfahren durfte. Denken Sie jetzt, wenn die Angst vor dem Ersticken und die Atemnot wieder aufsteigen, ganz fest an dieses Licht. Spüren Sie erneut diese Liebe und diese Güte. Erinnern Sie sich, Gott ist wieder da, und Er wird Ihnen helfen, wenn sie diesen Körper verlassen. Vertrauen Sie ganz fest, das wird Sie beruhigen. Ich werde sie in Gedanken begleiten. Die Patientin hat mich verstanden. Sie nickte mit leuchtendem Angesicht und flüsterte: „Danke, Schwester, Sie haben mir sehr geholfen."

Ich musste mich nun wieder den anderen Patienten widmen. Noch den ganzen Morgen war ich in dieser Energie geborgen. Das Gespräch mit dieser todkranken Frau hat nicht mehr als zwanzig Minuten gedauert, und doch sind wir uns in dieser kurzen Zeitspanne so schnell so nahe gekommen. Es ist ganz sicher Heilenergie geflossen, und unsere Seelen haben sich kurz berührt.

Für die sterbende Frau war es ein Segen, von einem Menschen bestätigt zu bekommen, dass ihr Erlebnis auf der Wahrheit beruhte und kein Hirngespinst war. Sie konnte bald ruhig sterben, weil sie wieder mit dieser Kraft in Kontakt gekommen war und ihr auch unzweifelbar bewusst geworden ist, dass es sie gibt.

Gottesbild

Wenn dir der Gedanke kommt,
dass alles,
was du über Gott gedacht hast,
verkehrt ist,
und dass es keinen Gott gibt,
so gerate darüber nicht in Bestürzung.
Es geht vielen so.
Glaube aber nicht,
dass dein Unglaube daher rührt,
dass es keinen Gott gibt.
Wenn du nicht mehr an Gott glauben kannst,
an den du früher geglaubt hast,
so rührt das daher,
dass in deinem Glauben etwas verkehrt war,
und du musst dich besser bemühen,
zu begreifen,
was du Gott nennst.
Wenn ein Wilder an seinen hölzernen Gott zu glauben aufhört,
heißt das nicht,
dass es keinen Gott gibt,
sondern nur,
dass der wahre Gott nicht aus Holz ist.

Leo Tolstoi

Anleitung zur Sterbebegleitung

Der Sterbeprozess

Beim Sterbeprozess lösen sich die Sinnesorgane auf:

- Die Festigkeit des Körpers und die Kontrolle über die Bewegung der Glieder schwinden.

- Die Farbe der Haut verändert sich; es tritt Todesblässe ein.

- Der Sehsinn schwindet, so dass der Sterbende das Umfeld nur noch verschwommen wahrnimmt. In der Folge verblassen die äußeren Farben und Formen.

- Der Gehörsinn löst sich auf, so dass keine äußeren Geräusche, aber auch keine vom eigenen Organismus ausgehenden Geräusche mehr wahrgenommen werden können.

- Die Unterscheidung schwindet und damit die Fähigkeit zur Differenzierung der Objekte.

- Die Atmung wird unregelmäßig und stockend, die Ausatmung verlängert sich.

- Der Tastsinn, Geruchssinn und Geschmackssinn lösen sich auf.

· Der Sterbeprozess ermöglicht es, unverhüllt sich selbst zu begegnen. Da sind die fünf psychischen Sinne nicht mehr aktiv, der Kontakt zur Außenwelt abgeschnitten.

Dann schwindet die äußere Welt, alles mit den äußeren Sinnen Fassbare. Zuletzt löst sich die innere Welt der Empfindungen und Gedanken auf, die wir uns mit Hilfe unserer Sinnesorgane geschaffen haben. Was bleibt, ist unser Bewusstsein: Wir können nur noch *bewusst sein!* Deshalb ist die Schulung der Wahrnehmung durch Meditation wichtig. Hier nehmen wir wahr – völlig neutral und emotionslos.

Es ist, wie es ist.

Indem wir beizeiten die Wahrnehmung schulen, merken wir vielleicht schneller, dass wir uns in einem anderen Bewusstseinszustand befinden. Ein plötzlicher Tod mit seiner ganzen „Orientierungslosigkeit" trifft uns weniger unvorbereitet. Wir haben ja immer wieder versucht, uns auf diese Ebenen „einzuschwingen".

Die Wahrnehmung und Intuition sind ganz natürliche Fähigkeiten, die wir nur verlernt und vergessen haben. Es gibt diese Ebene des Geistes, also versuchen wir immer wieder einmal, uns darin zurechtzufinden. Weil es sehr schwierig ist, benötigen wir Begleiter und Beschützer, so ähnlich wie auch Kinder begleitet und beschützt werden. Kein Mensch schickt ein Kind auf die Straße ohne Vorbereitung. Erst wenn ein Kind die nötige Sicherheit erlangt hat und um die Gefahren weiß, lassen es die Eltern ziehen. Auch auf dem geistigen Weg gibt es Gefahren, doch ebenso gibt es auch Beschützer und Begleiter, die uns lieben und gerne dienen möchten. Wir alle wissen von ihrer Existenz und können versuchen, Kontakt zu ihnen herzustellen.

Worauf soll ich achten, wenn ich Sterbebegleitung machen möchte

Das eigene Wissen aktivieren, die eigene Lebenserfahrung einbringen und seinem gesunden Menschenverstand vertrauen.

Ich bin dankbar und glücklich, dass ich helfen darf! Ich bringe mich in Harmonie, lasse mich führen und weiß, dass ich so das Richtige tue.

Ich vertraue meiner inneren Führung und meiner Intuition. Ich bin offen und bereit.

Die Angst, falsch zu handeln, fällt weg.

In diesem Moment ist der Kranke der wichtigste Mensch auf der Welt, und ich gebe mein Bestes. Ich übe Konzentriertes-bei-ihm-Sein.

Ich bin mir ganz bewusst, dass diese Tätigkeit meine Berufung ist. Dieses Bewusstsein vermittelt mir Sicherheit und Vertrauen.

Ich erkenne, dass ich ein Werkzeug Gottes bin und lasse mich führen. Ich muss nicht alles aus mir alleine tun. Ich höre zu, nehme wahr und frage gezielt. Ich versuche, die Wirklichkeit hinter dem Schein zu erkennen. Ich versuche, Transparenz zu erfahren.

Ich erkenne Bindungen, versuche sie zu lösen und durch Geborgenheit zu ersetzen. Ich versuche, zum Loslassen zu führen. Danach lasse ich den Schwerkranken los und wende meine ganze Aufmerksamkeit wieder meinem Leben zu.

Ich versuche, keine Belastungen mit nach Hause zu tragen.

Einige Anregungen zum Erreichen der Ziele:

- Seelenhygiene
- Gerne, bewusst und mit Freude leben.
- Spontan und munter sein.
- Sich regelmäßig Zeit für Meditation und Gebet nehmen.
- Denken, Reden, Fühlen und Handeln stets auf Gott ausrichten.

Sterbebegleitung

Meine Vision

- Wir setzen alles daran, dass ein Mensch in der letzten Lebensphase individuell begleitet, gepflegt, gestützt, getragen und angehört wird. Dasselbe gilt auch für die Angehörigen.
- Wir schaffen Raum für ein Sterben in Würde.
- Wir anerkennen das Recht des Menschen auf Schmerzfreiheit und Schmerzlinderung.
- Wir sind uns bewusst, dass jeder Mensch seinen eigenen Tod stirbt. Er ist geprägt durch sein Leben, seine Einstellung dem Tod gegenüber und seine Vorstellungen über das, was nachher passiert.
- Erfahrungen von klinisch Toten und das Wissen um andere Bewusstseinszustände beim Übergang schließen wir nicht aus.

Philosophie und Ethik

· Unser Bestreben ist es, im Sinne der Prinzipien von Humanität, voller Ehrfurcht vor dem Leben und dem Sterben und dessen Unantastbarkeit, zu handeln.

· Alle Menschen haben das Recht, so zu sterben, wie sie möchten.

· Wir sind bestrebt, den Schwerkranken in ihrem selbstgewählten Prozess beizustehen.

· Wir sind uns bewusst, dass Sterben ein Geheimnis ist, das sich unserem gegenwärtigen Bewusstseinsstand nie ganz offenbaren wird.

· Sterben ist kein aktives Tun.

· Sterben ist passive Hingabe, ist Loslassen.

Menschenbild

· Wir verstehen den Schwerkranken als individuelle Persönlichkeit.

· Menschenwürde, Persönlichkeitsschutz, Chancengleichheit und Lebensqualität sind uns wichtiger als Technik und Bürokratie.

· Wir respektieren jeden Menschen und nehmen ihn so an, wie er ist, mit all seinen Stärken und Schwächen.

· Wir arbeiten auf den Grundlagen eines humanistischen Menschenbildes.

Auftrag und Ziel

· Siehe Vision

· Eine Beziehung schaffen, in der sich die Schwerkranken geborgen und angenommen fühlen.

- Da sein, mit ihnen sein, ihnen nahe sein in Gelassenheit.
- Geschehen lassen, was geschehen muss.
- Versuchen, die Angst vor dem Tod zu lindern oder zu überwinden.
- Hingabe an Gott im Sterbeprozess fördern.
- Behilflich sein beim Erledigen noch unerledigter belastender Probleme oder Angelegenheiten.

Werte, die wir leben wollen
- Toleranz, Verständnis, gegenseitige Akzeptanz
- Vertrauen, Offenheit, Zuverlässigkeit, Ehrlichkeit, Achtung und Demut
- Wir nehmen Willensäußerungen der Schwerkranken und ihrer Angehörigen sehr ernst und versuchen, sie zu erfüllen.
- Wir kennen unsere eigenen Grenzen und stehen zu ihnen.
- Wir versuchen, dem Tag mehr Leben zu geben, die Lebensqualität zu steigern und Freude zu bereiten.

Leitsätze
- Gute Atmosphäre, Vertrauen untereinander
- Für den Terminalpatienten eine ruhige, ungestörte Atmosphäre schaffen, wo er/sie sich wohl und geborgen fühlt.
- Offener, toleranter Umgang
- Gegenseitige Achtung und Anerkennung
- Konfessionelle Neutralität
- Tiefe, gottgläubige Grundhaltung

Organisationskultur

· Wir stehen mit anderen Gruppen und Vereinigungen in gegenseitigem Kontakt.

· Wir behalten unsere Selbst- und Mitbestimmung.

· Wir behalten unsere Eigenständigkeit mit gemeinsamer Zielsetzung.

· Wir lassen uns von sinnvollen, vernünftigen und humanistischen Überlegungen leiten.

· Wir verstehen uns als Teil eines schon bestehenden Systems von Dienstleistungen in der Endphase des Lebens.

Engel im Leben und im Sterben

Meine Freundschaft mit Engeln

Ich möchte jetzt erzählen, wie ich selber zu den Engeln kam. Oder besser gesagt: Wie die Engel zu mir kamen. Schon als kleines Kind hatte ich große Freude an den Engeln. Wie ich sie damals erfahren habe, möchte ich hier einfügen.

Ich erinnere mich, wie ich als kleines Kind zum ersten Mal von Engeln gehört habe, wenn Mama jeden Abend folgendes Nachtgebet sprach:

„Engelchen komm, mach mich fromm, dass ich zu dir in den Himmel komm."

Mir wurde auch immer wieder beigebracht, dass der Schutzengel jeden Tag bei mir ist und auf mich aufpasst. So weit so gut. Nur mit dem „Himmel" konnte ich in diesem Alter noch nichts anfangen. Ich soll fromm werden und in den Himmel kommen?

Was soll ich denn im Himmel den ganzen Tag tun? Brav sein, herumsitzen, singen und beten? Ziemlich langweilig, fand ich. Also habe ich beim Beten immer gedacht: „Aber gell, Engel, ich möchte jetzt noch nicht zu dir in den Himmel kommen. Weißt du, hier unten, bei Mami und Papi, ist es viel lustiger."

Dann, an Weihnachten – ich war sechs Jahre alt – erhielt ich die Chance, einmal ein Engel zu sein. Mit einigen anderen Kindern, die alle älter waren, durfte ich an der Weihnachtsfeier des Arbeiterinnenvereins auf der Bühne als Engelchen stehen. Ich war schon Tage vorher ganz aufgeregt und fragte meinen Papa: „Kann ich dann auch fliegen, wenn ich ein Engel bin?" „Sicher, du musst es nur probieren", antwortete er. Damals hat man noch alles geglaubt, was Papa sagte.

Endlich kam die große Stunde: Ich wurde als Engel feierlich eingekleidet, ganz in weiß, mit viel Gold und Glimmer. Auf dem Rücken wurden mir richtige Flügel montiert. Als wir dann auf der Bühne standen, war es um mich geschehen: Mich hatte es gepackt! Jetzt wollte ich es erfahren! Immer wieder habe ich einen Anlauf genommen und mit den Armen gerudert, aber ich kam einfach nicht hoch. Dass ich eigentlich einen Vers aufsagen sollte und man mich mehrere Male rief, habe ich gar nicht mitbekommen. Ich war so verzweifelt mit meiner Flugtechnik beschäftigt, dass ich gar nicht merkte, wie das ganze Publikum lachte, am lautesten mein Papa.

Diese Blamage vergaß ich lange Zeit nicht! Ich habe die Engel eine ganze Weile nicht mehr beachtet, Strafe musste sein. Doch immer wieder einmal, wenn ich in eine brenzlige Situation kam, z. B. wenn ich zu hoch auf einen Baum geklettert war und fast nicht mehr herunterkam, erinnerte ich mich zwangsläufig an meinen Schutzengel. Er hat immer geholfen, aber nicht immer so, wie ich es wollte.

Zum Glück war jedes Jahr Weihnachten. Dann hatte es mich wieder gepackt. Jetzt wollte ich brennend gern ein echter Engel sein! Denn es war etwas los im Himmel. Man konnte backen, Päckchen machen und sie zu den Kindern tragen. Oder einfach bei der Krippe sitzen, singen und musizieren. Meine kindlichen Vorstellungen waren grenzenlos.

Heute weiß ich, dass es die Engel gibt. Ich erfahre täglich ihre Kraft und ihren Schutz. Sie lassen es mich immer wieder spüren, dass sie bei mir sind. Sie schenken mir in kritischen Zeiten unerklärliche Gefühle des Friedens und Wohlbefindens. Auch umgeben sie mich mit einer guten Portion Glück oder erfreulichen Umständen. Sie schenken mir auch manchmal Gipfelerlebnisse von Freude und Liebe.

Engel-Meditation

Wer bist du, mein Engel?
Ich kenne dich nicht.
Ich habe dich noch nie gesehen,
doch – ich habe dich geahnt,
dich mir nahe gespürt.

Immer mal wieder schaue ich
voll Vertrauen zu dir auf.
Heute, um dir zu danken,
für deine liebevolle Begleitung.

Immer wieder kommst du
von deiner Bewusstseinsebene
auf meine herunter,
um mich zu schützen,
Botschaften zu bringen
oder mich mit dem Himmel zu verbinden.

Du begeisterst meine Seele
für so viel Schönes.
Viele Ideale und Visionen
hast du mir vor Augen geführt.
Du warnst mich vor Gefahren,
bewahrst mich vor Stürzen.

Meine Umwege und Irrwege
akzeptierst du mit viel Verständnis.
Du wartest immer auf mich.
Groß ist deine Liebe zu mir.

Ich danke dir für deine Geduld
mit meinen menschlichen Schwächen.
Du glaubst an mich.
Und das macht mich stark,
auch an mich zu glauben und
immer wieder – neu zu beginnen.

Engel in der Sterbebegleitung

Ja, es gibt sie, die Engel, die bei Sterbenden anwesend sind und ihnen beim Übergang helfen. Manche Menschen gehören zu jenen Begnadeten, die mehr sehen dürfen als andere. Zum Beispiel dann, wenn eine angeborene Hellsichtigkeit vorliegt. Die englische Krankenschwester Joy Snell konnte die Engel und Geistwesen sehen und hat mir mit ihrem wunderbaren Buch „Der Dienst der Engel" eine kostbare Türe aufgetan. Dieses Buch hat mich inspiriert, bereichert und mir geholfen, mit meinen Erfahrungen besser klarzukommen. Unser Wissen über diese geistigen Dinge ist erschreckend mangelhaft, weil sich das Wissen bloß auf einen kleinen Teil der Schöpfungsvielfalt erstreckt. In seltenen Fällen, in einem veränderten Bewusstseinszustand in mir, war es auch mir vergönnt, mitunter winzige Einblicke hinter den Vorhang zu werfen.

Ich finde die Erfahrungen von Joy Snell sehr wertvoll und möchte sie hier anführen. Joy Snell ist seit ihrer Kindheit hellsichtig gewesen, war jedoch nie als Medium tätig. Während ihrer zwanzigjährigen Tätigkeit als Krankenschwester hat sie häufig Gelegenheit gehabt, Sterbende zu beobachten.

Joy Snell schildert ihre Erfahrungen so:

„Ich sah einmal eine Frau, die stundenlang im Koma gewesen war und dann plötzlich ihre Augen öffnete – mit dem Ausdruck freudiger Überraschung – und die Hände ausstreckte, als wenn sie Hände erfassen wollte, die sich ihr entgegenstreckten, und dann mit einem Seufzer der Befreiung verschied. So sah ich einen Mann, der sich in Agonie herumwälzte, plötzlich ruhig wurde, seine Augen mit einem Ausdruck freudigen Wiedererkennens dahin richtete – wo

124

für die Umstehenden nichts war – und mit Tönen freudigen Begrü-
ßens seinen letzten Atemzug aushauchte." [5]

Diese Erfahrung durfte ich auch machen. Ich habe erlebt, dass
ein in Bewusstlosigkeit sterbender Mann sich plötzlich aufrich-
tete und mit freudigem Erkennen den Namen „Hans" laut und
deutlich aussprach – und dann mit einem Lächeln auf seinem
Gesicht verschied. Es hat mich damals sehr erschreckt. Ich konnte
vor zwanzig Jahren noch nicht begreifen, was wirklich geschehen war. Ein tief bewusstloser, sterbender Mann, der schon einige
Tage still dalag und sich nicht mehr bewegt hatte, richtete sich im
Augenblick des Sterbens plötzlich auf! Ich habe nicht begriffen,
wie das möglich war. Ich habe dieses Ereignis für mich behalten,
aus Angst, ich würde nur ausgelacht. Zudem hätte man zu dieser
Zeit meine Wahrnehmung angezweifelt oder als irreal eingestuft.

Später, als die Angehörigen meines verstorbenen Patienten vor-
beikamen, um Abschied zu nehmen, wollte seine Frau wissen, wie
er gestorben sei. Sie fragte mich: „Schwester, hat er noch etwas
gesagt, bevor er gegangen ist?" Ich habe den Angehörigen mitgeteilt, er sei mit einem freudigen Lächeln, deutlich den Namen
„Hans" aussprechend, hinübergegangen. Sie waren beeindruckt,
aber auch etwas irritiert, weil der Kranke einige Zeit davor nicht
mehr gesprochen hatte. Seine Frau meinte unter Tränen: „Mit
Hans ist sicher sein Bruder gemeint, doch der ist ja schon lange
tot. Mein Mann hat ihn sehr geliebt und auch schrecklich ver-
misst. Er hat auch immer wieder einmal von ihm gesprochen. Vor
allem in der letzten Zeit."
Damals konnte ich den Trauernden noch nicht erklären, dass
es wahrscheinlich so gewesen sei. Dass die Sterbenden von ihren
Liebsten abgeholt würden und es möglich war, sie zu sehen und
zu spüren. Ich war ja selber noch sehr unsicher. Erst viele Jahre

später, als ich immer wieder einmal solche und ähnliche Erlebnisse hatte, fing ich an, daran zu glauben.

Auch Joy Snell spricht darüber:

„Nachdem ich das Krankenhaus verlassen hatte und mich als Privatpflegerin betätigte, starb von den Patienten, die ich pflegte, nicht einer, bei dem ich nicht ein oder zwei Engel an seinem Bett darauf warten sah, die unsterbliche Seele zu ihrem neuen Lebensplan zu geleiten, nachdem sie den sterblichen Leib mit dem geistigen Leib ausgewechselt hatten."

Fast immer, wenn wartende Engel von den Sterbenden gesehen wurden oder auch nachher bei Geistwesen, erkannten sie Verwandte und Freunde als solche– die alle weit mehr Lebendigkeit und Kraft darstellten, als sie noch auf der Erde weilten. Das weist meiner Meinung nach darauf hin, dass sie selbst vor dem Übergang Verwandte oder Freunde derer waren, die sie erkennen. Das war unabweisbar so, wenn der Sterbende, wie in einigen der Fälle, die ich beschrieb, sie bei Namen nennt (Beispiel Hans).

Joy Snell schreibt weiter:
„Und so, wie wenn wir ein Schiff nehmen, um in ein uns unbekanntes Land zu reisen, sind wir glücklich, wenn wir dort Bekannte haben, die uns willkommen heißen. So ist es auch natürlich, dass der Erste, dem wir bei der Überschreitung der Schwelle zu einer anderen Welt begegnen, jemand von denen sein sollte, der uns lieb war und vorher hinübergegangen ist.

„Glücklicherweise gibt es noch Menschen, die, obwohl sie selbst die Engel nicht sehen können, welche von den Sterbenden so freudvoll erkannt werden, doch glauben, dass es dienende Engel gibt, die

kommen, um die zu empfangen, welche durch das Tor des Todes in das ewige Leben eintreten."⁶

Ich bin überzeugt, wenn man daran glauben kann, dass es diese Form von Hilfe gibt und wir wieder mit unseren Lieben zusammen sein können, wir auch die Zeit der Trauer weniger schmerzhaft durchleben. Ein freudiges Wiedersehen ist uns gewiss.

Joy Snell berichtet weiter von einem guten, gottgläubigen Mann, für den der Tod keine Schrecken hatte:

„Er war sicher, dass er nach dem Übergang in ein erhabeneres, glücklicheres Leben eintreten werde, als es man hier auf Erden haben kann. Sein einziger Kummer war, dass er sein innig geliebtes Weib alleine zurücklassen müsse, aber dieser Kummer war gemildert durch die Gewissheit, dass er nur vorausgehe, und dass sie sich eines Tages in einer besseren Welt wiedervereinigen würden. Seine liebe Frau saß an seinem Bett, im gleichen Glauben mit ihm das Ende erwartend. Etwa eine Stunde vor seinem Tod rief er sie beim Namen, und aufwärtszeigend sagte er: „Schau L., da ist B.! Er erwartet mich. Und nun lacht er und hält mir seine Hände entgegen. Kannst du ihn sehen?" „Nein, mein Lieber, ich kann ihn nicht sehen", antwortete sie, „aber ich weiß, dass er da ist, da du ihn siehst." – B. war ihr einziges Kind, das ein Jahr zuvor ihnen genommen worden war, damals fünf Jahre alt. Ich konnte den Kleinen sehr gut sehen mit seinen blonden Locken und den blauen Augen und bekleidet mit dem, was ich Geistkleid nenne. Das Gesicht war das eines herzigen Kindes, aber vergeistigt und von einem Glanz, wie ihn irdische Gesichter nicht haben.

Der Vater war sehr ausgepumpt durch Verheerungen der Krankheit, und die Freude, welche der Anblick seines Kindes bei ihm auslöste, schien die Lebenskraft bei ihm zu erschöpfen, die ihm noch geblieben war. Er schloss die Augen und versank in einen tiefen Schlaf. So blieb er noch etwa eine Stunde, während das Engelskind über dem Bett stand, mit erwartungsvollem Blick in seinem strahlenden Gesicht. Ab und zu sah es liebevoll zu seiner Mutter hinüber. Das Atmen des Sterbenden wurde immer schwächer, bis es ganz aufhörte.

Der Kummer der Witwe war nicht von der dunklen und bitteren Art, wie er mich belastet hatte, als mein Vater starb und ich jeden Trost zurückwies. „Ich bin glücklich, dass mein lieber Mann unser Kind sah, bevor er starb", sagte sie an jenem Abend zu mir. „Es war selbstverständlich, dass B. kommen würde, um ihn abzuholen, denn sie liebten einander sehr. Und wenn ich einmal abberufen werde, dann bin ich sicher, dass beide zu mir kommen werden. Ich kann nun an sie denken als immer zusammen und glücklich.""[7]

Elisabeth Kübler-Ross hat in diesem Jahrhundert so viel in der Sterbeforschung bewegt. Ihr haben wir es zu verdanken, dass uns das Sterben überhaupt wieder zum Thema geworden ist. Sie hat die Sterbeforschung, die vorher ein Tabu war, wieder salonfähig gemacht. Sie drang im Laufe ihres Lebens immer tiefer in spirituelle und religiöse Bereiche vor. Sie hat erfahren, was uns fast alle großen Mystiker bereits nahegelegt haben. Oft hat sie in ihren Büchern, wie in ihrem Buch „Über den Tod und das Leben danach", auch auf die Präsenz der Engel hingewiesen:

„Was die Kirchen den kleinen Kindern hinsichtlich ihrer „Schutzengel" erzählen, beruht auch auf Tatsachen, denn es ist ebenfalls bewiesen, dass jeder Mensch von seiner Geburt bis zu seinem Tod von „Geistwesen" begleitet wird. Jeder Mensch hat solche Begleiter,

ob sie daran glauben oder nicht. Ob sie Jude, Katholik oder ohne Religion sind, spielt überhaupt keine Rolle. Denn jene Liebe ist bedingungslos, weshalb ein jeder Mensch dieses Geschenk eines Begleiters erhält. Es handelt sich um jene Begleiter, die meine kleinen Kinder „Spielgefährten" nennen. Ganz kleine Kinder sprechen mit ihren „Spielgefährten" und sind sich dessen ganz bewusst. Doch sobald sie in die Schule kommen, sagen die Eltern zu ihnen: „Du bist jetzt ein großer Bub, du gehst jetzt in die erste Klasse. Jetzt macht man nicht mehr solche kindischen Spiele." Somit vergisst man, dass man „Spielgefährten" hat, bis man auf dem Sterbebett liegt. Und dann sagt plötzlich eine sterbende alte Frau zu mir: „Hier ist er wieder." Und weil ich weiß, wovon sie spricht, frage ich diese Frau, ob sie mit mir das soeben Erlebte teilen könne. Alsdann erklärt sie mir: „Ja, wissen Sie, als ich noch ein ganz kleines Kind war, befand er sich immer bei mir. Aber ich habe ganz vergessen, dass er überhaupt existiert." Und einen Tag später stirbt sie ganz beglückt, dass jemand, der sie unsagbar gern hatte, wieder auf sie wartet." [8]

Weiter schreibt sie:

„Kinder haben die größte Angst davor, in den Momenten des Sterbens allein sein zu müssen und niemanden um sich zu wissen. Doch in dem Augenblick, wo die Umwandlung stattfindet, ist man niemals allein. Man ist auch im täglichen Leben nicht allein, aber man weiß oft nichts davon.

„Doch zur Zeit der Verwandlung werden unsere Geistführer, Schutzengel und solche Wesen, die wir geliebt hatten und die schon vor uns hinübergegangen waren, uns zur Seite stehen und uns bei der Umwandlung behilflich sein. Wir haben dies immer wieder bestätigt gefunden, so dass wir an dieser Aussage nicht mehr zweifeln. Diese Aussage mache ich wohlgemerkt als Wissenschaftlerin!

Immer ist jemand als Helfer zugegen, wenn wir jene Umwandlung durchmachen."[9]

In ihrem Buch „Interviews mit Sterbenden" ergänzt Dr. Kübler-Ross dazu:

„Die Kirchen haben ihnen den Namen „Schutzengel" gegeben, während sie von den meisten Forschern als „Geistführer" bezeichnet werden. Es ist unwichtig, welche Bezeichnung wir ihnen geben. Aber es ist wichtig zu wissen, dass jeder einzelne Mensch von dem Augenblick an, wo er den ersten Atemzug tut, bis zu dem Augenblick, wo er sich der Verwandlung übergibt und somit seine physische Existenz beendet, von Geistführern und Schutzengel umgeben wird, die auf ihn warten und ihm bei der Umwandlung von einem Leben in das andere jenseits des Todes behilflich sein werden."[10]

Eine spirituelle Erfahrung mit meinem Engel

Um besser mit den feinstofflichen Erlebnissen klarzukommen, habe ich bei Reneé Bonanomi Kurse und Seminare in Medialität und Geistigem Heilen besucht. Als kompetente Seminarleiterin, Heilerin und Sensitive hat sie uns den Weg aufgezeigt, wie man besser mit Hellsehen, Hellfühlen und Medialität umgehen kann. Bei ihr habe ich auch angefangen, mich mit dem Geistigen Heilen auseinanderzusetzen. Beim Abschied hat sie zu mir gesagt: „Liebe Erica, lass durch deine Augen die Liebe strahlen." Reneé hat mir viel gegeben, und ich bin in dankbarer Liebe mit ihr verbunden.

Bei einem Seminar, der Titel lautete: "Engel, wie begegne ich Dir?", durfte ich Folgendes erleben:

Wir erzählten uns, wie man Engel im Alltag wahrnehmen und erleben kann. Reneé erklärte uns, dass wir uns für diese Energien öffnen, genau hinhören, hinsehen und einfühlen sollten, was uns im Alltag so alles begegnet. In einer Meditation haben wir unsere Engel-Erfahrungen visualisiert. Ja, auch bei mir gab es ja einige Erinnerungen, wo die Engel mir geholfen hatten und präsent waren, jedoch habe ich diese Erfahrungen mehr dem Zufall als den Engeln zugeordnet.

Nach dieser Meditation haben einige Teilnehmer sich zu Wort gemeldet und ihre zum Teil berührenden, absolut glaubwürdigen Erlebnisse geschildert. Ich habe keinen Moment gezweifelt, dass dies alles wahre Engels-Geschichten waren. Es war wunderbar, von diesen Erfahrungen zu hören. Nur ich konnte nichts wirklich Großartiges erzählen. Nach dem Seminarschluss bin ich etwas traurig zurück in mein Gasthaus gewandert und habe mir nichts sehnlicher gewünscht, als dass es mir auch einmal gegönnt sein solle, meinen Schutzengel deutlich zu spüren.

Ich war Gast in einem alten Gasthof, gebaut im Emmentaler Stil. Bei der Reservierung des Zimmers teilte mir der Besitzer mit, ich könne schon ein Zimmer für eine Nacht haben. Die alte Mutter würde mir ein einfaches Frühstück servieren, weil das Restaurant wegen Betriebsferien geschlossen sei. Ich sei also ganz alleine dort. Ich könne den Schlüssel bei der alten Mutter abholen. Ich war einverstanden. Sie kannten mich nicht; jedoch allein die Teilnahme an Renee's Seminar hat gereicht, dass mir das nötige Vertrauen geschenkt wurde.

Ich betrat nun den Gasthof durch einen Hintereingang. Der Gang war finster, und ich fand den Lichtschalter nicht. Ich lief beherzten Schrittes den Gang entlang und dachte, vielleicht ist der Schalter weiter hinten. Plötzlich wurde ich abgehoben, habe vier Schritte in der Luft gemacht und landete mit beiden Füßen hart auf dem Boden! Ich bin furchtbar erschrocken. Was war jetzt das, habe ich mich gefragt. Vorsichtig und tastend lief ich an der Wand entlang und fand endlich den Lichtschalter. Jetzt sah ich hinter mir vier Treppenstufen. Unglaublich, wie kann man im Dunkeln über eine Stiege laufen, ohne zu fallen? Nun wusste ich, dass ich meine Engel-Erfahrung erhalten hatte. Ich habe mich auf die Stufen gesetzt und meinem Schutzengel dafür gedankt.

Noch heute denke ich daran: Wie kann man in der Luft vier Schritte tun, ohne zu fallen, und unten nach vier Treppenstufen wieder sicher auf den Füßen landen? Ganz berührt und dankbar erzählte ich am anderen Morgen im Seminar meine Erfahrung in der Runde. Reneé war am wenigsten erstaunt; sie bestätigte mir, dass mich sicher mein Schutzengel vor einem Sturz bewahrt hätte. Dass ich mich nach dieser wunderbaren Erfahrung immer mehr zu den Engeln hingezogen fühle, ist sicher nachvollziehbar.

Nun erzählte ich schon in vielen Beispielen, was ich alles bei der Begleitung Schwerkranker und Sterbenden erleben durfte. Jeder, der geht, belehrt uns ein wenig über uns selber. Den wertvollsten „Unterricht" erlebe ich an den Betten der Todkranken.

Oft werde ich bewundert, dass ich Sterbebegleitung mache. Viele Leute sagen mir, sie könnten das niemals! Dann erzähle ich ihnen eine Geschichte vom Berg und vom Gipfel. Ich erkläre es so: „Du kannst niemanden auf den Berg helfen, ohne selbst dem Gipfel nahe zu kommen." Man gibt so viel, es kommt aber auch viel zurück. Wie auch beim Bergsteigen, fordert es viel. Es kann sehr anstrengend sein, und ich stoße auch immer wieder einmal an meine Grenzen.

Mein Vertrauen zu meinem christlichen Glauben und seiner

Mystik, jedoch auch meine Offenheit den unterschiedlichen Weltreligionen gegenüber, geben mir Kraft und Ruhe, Trost und Hoffnung für meine Arbeit. Ich bin durch meine Erfahrungen am Sterbebett so weit gekommen, dass ich manchmal denke, die Sterbenden brauchen nicht nur unsere Hilfe, wir bedürfen ebenso ihrer Hilfe. Sie zeigen uns, wie man es schafft! Es ist für alle Beteiligten eine große Chance und ein großes Geschenk, wenn man dabei sein darf.

Für mich zählt am Sterbebett kein Wissen und kein Können mehr. Da gibt es keine Anleitung, wie er/sie es machen sollen. Niemand ist bemächtigt, einem Todkranken zu sagen, wie er gehen soll. Jede Seele kennt ihren Weg und geht ihn auch ohne menschliche Hilfe. Wer Hilfe benötigt, ist der physische Körper und die Persönlichkeit des Menschen. Der Körper kann sehr leiden, bis der Austritt geschafft ist.

Die meisten meiner geschilderten Beispiele waren positiv. Ich will ja mit meinen Schilderungen die Angst vor dem Tod etwas mildern. Wenn man jedoch denkt, der Todesprozess beinhalte nur schöne Bilder und Visionen, entspricht es nicht ganz der Wirklichkeit. Da finden auch Kämpfe statt, zwischen Gut und Böse, zwischen Hier und Dort, zwischen Schatten und Licht. Hier begegnen wir einmal mehr dem größten Phänomen – Angst:

· Die Angst vor der Selbstaufgabe
· Die große Angst vor der Vergänglichkeit und die Angst vor der Wandlung
· Die Angst vor dem Unausweichlichen, der Endgültigkeit und Unsicherheit

Die Angst drückt sich aus über körperliche Symptome, was häufig zu sehen ist: Angstattacken, Schlaflosigkeit, Erbleichen, kalter Schweißausbruch, Beklemmen, Schaudern, Angstzustände, vor allem in der Nacht, Panik, entsetzliche Schmerzen, Schreie, Todesangst, gebückte und gekrümmte Körperhaltung, von Angst besetzte Bilder, religiöse Prägungen von Tod und Fegefeuer, ja sogar der Teufel kommt vor. In diesen angstbesetzten Situationen, die immer nur Durchgänge sind, hilft ein Gebet oder eine Segnung. Auch wenn die Patienten in der Endphase manche Kämpfe durchstehen müssen, siegt immer das Gute, davon bin ich überzeugt. Meine Erlebnisse waren mehrheitlich positiv. Ich habe häufiger lichtvolle Übergänge erlebt.

Am schlimmsten war und ist es für mich, wenn ich mich in Situationen gefangen fühle. Das heißt, wenn ich nichts Konkretes mehr für den Sterbenden tun kann. Das fordert ein großes Vertrauen. Wenn ich viel mehr von schönen Erlebnissen berichte, ist es einfach so, weil ich viel mehr lichtvolle Übergänge erlebt habe. Ein Beispiel möge aufzeigen, was damit gemeint ist:

Ich wurde zur Nachtwache bei der todkranken Frau M. eingeteilt. Als wir uns begrüßt hatten, sprach sie zu mir: „Ich möchte so gerne diese Nacht sterben. Bitte helfen Sie mir!" Ich antwortete ihr: „Ich werde Gottes Engel bitten, dass sie uns helfen und begleiten." Sie war beruhigt und schlief bald ein.

Frau M. war aber immer wieder sehr unruhig, hatte hohes Fieber und schwitzte stark. Ich habe sie gewaschen, das Kissen einige Male frisch gemacht; jedoch die Patientin umlagern oder das verschwitzte Bett frisch beziehen, das konnte ich nicht. Die Sterbende war viel zu schwer und konnte nicht mehr mithelfen. Frau M. hat auch öfters einmal gestöhnt und um Hilfe gebeten. Ich habe immer wieder gebetet und die Engel um Hilfe angerufen. Die Todkranke wurde ruhiger – und ich auch. Das Schwitzen und laute Stöhnen ging weiter, jedoch war die Sterbende nicht mehr ansprechbar. Ist es doch auch immer wieder eine gewollte Hilfe von Gott, wenn ein Patient in Bewusstlosigkeit versinken darf und das körperliche Leiden so gemildert wird.

Ich war froh, als es endlich Morgen wurde und die Schwestern kamen, um die Patientin frisch zu machen. Obwohl ich tief in mir wusste, das mein Gebet und meine Präsenz der Todkranken sicher geholfen hatten, ging ich enttäuscht nach Hause. Ich konnte ja nichts für ihren Körper tun, nicht umlagern, nicht das verschwitzte Bett neu beziehen; das alles kann man nicht alleine machen. Obwohl die Schwestern mir bestätigt hatten, man müsse bei der Pflege zu zweit sein, hatte ich das Gefühl, nicht viel genützt zu haben. Ich fuhr nach Hause, um zu schlafen, die Nacht war anstrengend gewesen. Zum Glück hat die nächste Nacht eine andere Betreuerin am Bett der Schwerkranken gewacht.

Einen Tag später, als ich am Nachmittag beim Bügeln war, hat mich plötzlich eine starke, lichtvolle Energie erfasst. Gefühle von Licht, Liebe und Dankbarkeit haben mich durchströmt. Ich erlebte ein tiefes Glücksgefühl. Ich erkannte, dass es nur von Frau M. kommen konnte. Ich wusste intuitiv: Jetzt ist sie gestorben und möchte sich von mir verabschieden. Später, als ich dann die Todesanzeige in der Zeitung sah, hatte ich den Beweis.

Die Fügung wollte es so, dass ich in der Stadt zufälligerweise eine Bekannte von Frau M. traf. Ich fragte sie so nebenbei, ob Frau M. gut sterben konnte und ob sie wisse, wann genau sie gegangen sei? Sie erzählte mir, Frau M. hätte nochmals eine Nacht warten müssen, bis sie heimgehen durfte. Sie sei jedoch viel ruhiger gewesen und sei friedlich am nächsten Nachmittag, um 15.00 Uhr, eingeschlafen. Genau an dem Zeitpunkt, als ich beim Bügeln war und nicht einmal an sie gedacht hatte.

Seit diesem Erlebnis glaube ich fest daran, dass meine Arbeit mit Schwerkranken immer Sinn macht, auch dann, wenn ich für den physischen Körper nicht mehr viel tun kann.

K. Barth und R. Horst drücken dies im folgenden Gedicht sehr schön aus:

Engel sein

Bleibe still neben mir,
wenn es so weit sein wird mit mir,
brauche ich den Engel in dir.

Bleibe still neben mir in dem Raum,
jag den Spuk, der mich schreckt, aus dem Traum,
sing ein Lied vor dich hin, das ich mag,
und erzähl, was war manchen Tag.
Zünd ein Licht an, das Ängste verscheucht,
mach die trockenen Lippen mir feucht,
wisch mir Tränen und Schweiß vom Gesicht,
der Geruch des Zerfalls schreckt dich nicht.

Halt ihn fest, meinen Leib, der sich bäumt,
halte fest, was der Geist sich erträumt,
spür das Klopfen, das schwer in mir dröhnt,
nimm den Lebenshauch wahr, der verstöhnt.

Wenn es so weit sein wird mit mir,
brauche ich den Engel in dir.

Segnen in der Sterbebegleitung

Schon seit einiger Zeit halten wir im Kantonsspital Segnungs-Gottesdienste ab. Immer schon glaubte ich an die Kraft des Segens. Karl Barth formuliert es so: *„Ein Segen ist ein Wort, das göttliche Kraft hat, anderen Gutes zuzuwenden."*

Ich habe bei den Vorbereitungen und natürlich beim Segnen selber immer wieder diese Kraft spüren dürfen. Diese göttliche, liebevolle Energie gab mir Mut und Vertrauen, meinen Weg zu gehen. Bei der Segnung und beim Handauflegen kann ich über alle meine Sinne erfahren, dass Christus gegenwärtig ist. Die Segnung ist für mich ein sichtbares Zeichen. Ich nehme Gottes Liebe körperlich wahr und kann diese Liebe als Segen spendende weitergeben. Ich „darf" für andere zum Segen werden.

Segnen heißt „Berühren". Stärker als Worte sagt eine Berührung: „Mit dir habe ich zu tun, dich meine ich. So wie du jetzt dastehst, mit allem, was zu dir gehört."

Ich erinnere mich an einen Segnungs-Gottesdienst im Kantonsspital. Da lag eine Patientin im Bett, die ich segnen durfte. Sie war wirklich sehr krank und vom Tode gezeichnet. Als ich ihr mit Öl das Kreuz auf die Stirne zeichnete, rief sie ganz laut. „Schön, dass ihr das tut, macht weiter so. Zum Glück gibt es solche Menschen, ihr seid alle Engel." Ihre dankbaren Blicke und ihre Worte haben mich tief berührt. Es war ein Auftrag an mich und das ganze Segnungsteam. In der Sterbebegleitung wurde mir schon oft gesagt: „Schwester, Sie sind ein Engel."

Mit meinem Verstand betrachtet, bin ich weit davon entfernt, ein „Engel" zu sein. Ich glaube jedoch, ich bin sogar sicher, dass die Schwerkranken fähig sind, den ganzen Menschen wahrzunehmen; und wenn wir uns zur Verfügung stellen, ein Werkzeug Gottes zu sein, um seine Kraft und Liebe weiterzugeben, dann sind wir *Engel* oder werden mindestens als solche wahrgenommen.

Im Neuen Testament (Jakobus 5, 13f) heißt es:

Ist Einer von euch bedrückt? – Dann soll er beten.
Ist Einer fröhlich? – Dann soll er Loblieder singen.
Ist Einer von euch krank? – Dann rufe er die Ältesten der Gemeinden zu sich, sie sollen Gebete über ihn sprechen und ihn im Namen des lebendigen Gottes mit Öl salben.

Bei dieser Gelegenheit erinnere ich mich an eine ältere Patientin, die das Weihwasser verlangt hat, weil sie Schmerzen und vor allem Angst hatte.

Wir waren dabei, der Patientin drei Blutegel anzusetzen. (Die Frau hatte ein Hämatom, und der Arzt wollte eine Nachblutung anregen.) Plötzlich schrie die Patientin laut durch den Krankensaal: „Um Himmels willen, gebt mir das Weihwasser, diese Biester tun mir so weh, ich halte das sonst nicht aus. Wir alle hatten nur Augen für die Blutegel, es war ja auch spannend. Nun sah man wirklich deutlich, wie die Egel ihre Köpfe ins Fleisch bohrten; leider haben wir die Angst und den Schmerz von Frau K. nicht wahrgenommen. Wieso hat die Patientin das Weihwasser verlangt?

Für die Menschen in der Bibel und noch im letzten Jahrhundert war der Segen ein Teil ihrer täglichen Erfahrung. Sie konnten ihn entdecken im Brot, im Wein des Festes, in der Natur. Der Segen gehörte ganz selbstverständlich zum Umgang mit den Menschen.

Man hat die Kinder gesegnet, wenn sie aus dem Haus gingen. Man bat die Eltern um ihren Segen vor der Heirat. Ich habe als Lernschwester noch erlebt, wie die Krankenschwester den Patienten, die es wollten, das Weihwasser gereicht hat. Viele Menschen fühlen sich durch die Kraft des Segens beschützt, sicherer und haben weniger Angst. So ganz bestimmt auch diese Patientin.

Heute erlebe ich immer wieder, wie ein Kranker, noch bevor er in den Operationssaal gefahren wird, manchmal ganz versteckt das Kreuz-Zeichen macht. Man sieht es auch im Fernsehen bei Sportlern, z. B. vor einem Rennen oder einem Fußballspiel.

Oft schon habe ich in der Sterbebegleitung den Segen gespendet. Natürlich nur, wenn der Kranke einverstanden war. Die evangelischen Christen haben einen besseren Zugang zur Segnung. Bei den konservativen Christen herrscht immer noch die Meinung, nur der Geistliche dürfe und könne segnen. Einige Male, wenn die Todkranken sich schwer taten, wenn große Unruhe, Angst, Ungewissheit des Kommenden oder starke Schuldgefühle den Sterbeprozess verzögerten, dann durfte ich erfahren, dass ein Segen hilfreich war.

Kulturelle und religiöse Vorschriften

In der Pflege und speziell in der Sterbebegleitung bin ich oft anderen Religionen und religiösen Vorschriften begegnet. Ich möchte nur jene Religionen erwähnen, mit denen ich in meiner Tätigkeit als Krankenschwester Kontakt hatte.

Ich habe erkannt, dass es wichtig ist, auf die kulturellen und religiösen Gewohnheiten der Kranken Rücksicht zu nehmen. Im

Gespräch mit den Angehörigen erhalten wir Angaben über die religiösen Gewohnheiten und Bedürfnisse des zu Betreuenden. So wissen wir auch, was im Ernstfall zu tun und wer zu benachrichtigen ist. Jede Kultur hat ihre Glaubenshaltungen, Werte, Zeremonien und Rituale entwickelt, um den Tod zu integrieren.

Rituale des Judentums

Wenn ein Schwerkranker am Sterben ist, versammeln sich die Angehörigen und sind bei ihm. Ein Rabbiner nimmt die Beichte ab. Im Augenblick des Todes sprechen die Angehörigen das Glaubensbekenntnis. Dann schließen sie ihm die Augen, waschen ihn und kleiden ihn in sein Totengewand, einen schlichten weißen Mantel, den viele Juden auch zur Hochzeit tragen. Ein bis zwei Angehörige halten Totenwache. Der Leichnam wird so schnell als möglich beerdigt, denn die Leiche gilt als unrein. Am Grab wird gebetet, und der Verstorbene wird gewürdigt. Anschließend wirft jeder Anwesende drei Schaufeln Erde ins Grab, mit den Worten: „Von der Erde kamst du, zur Erde gehst du zurück." Der Tote gilt jetzt als befreit von allen Verpflichtungen des Lebens. Es fehlt jeglicher Blumenschmuck.

Die Eltern, Kinder oder Ehepartner des Verstorbenen sind während sieben Tagen von allen Pflichten befreit und sollen nicht aus dem Haus gehen. Eine Kerze brennt. In diesen Tagen der Trauer finden die Kondolenzbesuche statt. Die Besucher bringen Essen und Getränke mit und sprechen mit den Hinterbliebenen. Nach einem Jahr wird der Grabstein gesetzt.

Der Islam

Die Angehörigen versammeln sich um den Sterbenden, reden mit ihm und sprechen Gebete. Im Moment des Todes wird das

Glaubensbekenntnis gesprochen. Beim Übergang dürfen die Angehörigen den Sterbenden nicht anfassen, um seine Seele nicht zurückzuhalten. Ist der Tod eingetreten, schluchzen die Frauen laut auf; umso heftiger sollen sich die Frauen gebärden, je näher sie dem Toten stehen. Es kommt vor, dass sie sich laut schreiend auf das Totenbett stürzen, sich das Gesicht zerkratzen und die Haare raufen. Dann werden dem Toten die Augen geschlossen Am nächsten Tag wird der Verstorbene zum Friedhof getragen. Dort finden rituelle Reinigungen statt. Die Leiche wird anschließend in Richtung Mekka ins Grab gebettet. Ein Lobredner gedenkt des Verstorbenen und würdigt ihn. Die Klagefrauen weinen und klagen nach traditionellen Mustern. Mit der Beerdigung ist die Trennung abgeschlossen. Ein Jahr Trauerzeit beginnt. Am Vorabend des dritten, siebten, vierzigsten und einjährigen Todestags findet eine Gedächtnisfeier statt, um die Trauer noch einmal auszuleben.

Die christlichen Rituale

Römisch-katholische Kirche:
Die römisch-katholische Kirche orientiert sich im Wesentlichen an der Aussage: „Verwandlung in einen neuen Menschen, zu neuem Leben in Vollendung, Unverweslichkeit, Kraft, Freude, Gemeinschaft" (1. Kor. 15,42-43). Wichtig ist für die gläubigen Katholiken, dass man mit dem Sterbenden klärt, ob er das Sakrament der Krankensalbung und die heilige Kommunion empfangen möchte. Es wird mit und für den Kranken gebetet. Wünschenswert ist, wenn es erlaubt ist, eine Kerze im Zimmer anzuzünden. Sie ist das christliche Symbol für die Auferstehung.

Protestantische Kirche:
Die Bedeutung des Todes und die Vorstellung vom Leben nach dem Tod sind fast gleich. Das Wichtigste ist der Glaube an die

volle Gemeinschaft mit Gott. Es gibt eine Verwandlung zu einem neuen, ewigen Leben. Gott wird durch den Tod hindurch das, was er selbst schon im irdischen Leben geschaffen hat, vollenden.

Bei den protestantischen Kirchen gibt es keine religiösen Vorschriften. Allen christlichen Religionen ist vor allem menschliche Anteilnahme und Nähe wichtig. Eventuell die Hand des Sterbenden halten. Für ihn beten oder Bibelabschnitte vorlesen.

(Das Aufbahren und die Trauer-Rituale werden in anderen Kapiteln behandelt.)

Buddhismus

Liegt jemand im Sterben, so soll er von einem Lama oder einem Geistlichen begleitet werden. Ist der Tod eingetreten, wird der Tote mit seinem irdischen Namen angerufen. Er ist jetzt als Wanderer ins große Licht im Jenseits anzusehen. Sein Weg führt durch viele Stationen, mit Licht und Schatten. Sie sollen als Seelenbilder erkannt und bewältigt werden. Ist er ein Erleuchteter, so kann er sich jetzt in diesem Licht auflösen und im Nirvana Ruhe finden.

In Tibet werden einfache Leute luftbestattet, das heißt, den Geiern ausgesetzt. Eine Feuerbestattung ist nur den Leuten möglich, die es sich leisten können, das rare Holz mit einer Karawane herbeiführen zu lassen. Trauer ist nicht angezeigt, der geliebte Mensch kommt ja bald wieder. Im Christentum, Judentum und Islam sind die Ansichten, was der Mensch sich unter der Auferstehung genau vorzustellen hat, unterschiedlich, und die Gelehrten streiten sich darüber.

Der Buddhismus kennt keine Zweifel. Die Seele sucht sich Eltern und wird in einem neuen Körper wiedergeboren. Wenn der Geist über viele Leben hinweg gereift ist und zur Erleuchtung gefunden hat, darf er ins Nirvana, eingehen. Er braucht die Mühen eines weiteren Lebens nicht mehr, sondern findet Ruhe. Er hat jedoch auch die Wahl zurückzukehren, um ein begonnenes Werk für die Gemeinschaft weiterzuführen. Deshalb werden der Dalai Lama und andere große Lehrer nach ihrem Tod wieder gesucht.

Die Bedeutung des Todes und die Vorstellung über das Leben nach dem Tod sind also verschieden. Die Rituale nach dem Tod und die Begräbnisfeier richten sich in der Regel nach den Wünschen der Angehörigen.

Die letzten Wünsche und Verfügungen der Verstorbenen zeigen den Trauernden, in welchem Sinne sie die Abschiedsrituale gestalten sollen.

Meine letzte Nacht mit Anna

Eine schöne Begleitung durfte ich mit Anna erfahren:

Als ich kam, um die Nachtwache anzutreten, lagst du schlafend da. Ich spürte sofort, dass du deinen Heimweg angetreten hast. Da war solch ein Frieden, solch eine heilige Ruhe im Zimmer.
Nach der Verabschiedung von deiner Mutter habe ich mich zu dir an das Bett gesetzt und deine Hand gehalten. Du hast mich erkannt. Das spürte ich intuitiv. Ich habe mir Gedanken gemacht, wie ich dich am besten begleiten könne. Als Christin getauft und aufgewachsen, hat dich dein weiterer Lebensweg zum Buddhis-

mus geführt. Darin hast du Stärkung und Halt gefunden. So habe ich um Führung gebetet: „Gott, Du bist der Ursprung allen Seins. Ich rufe Dich demütig an und bitte um göttliche Führung in dieser Nacht. Alle spirituellen Lehrer, Heilengel und Buddhas, helft Anna, damit sie den Weg findet." Dann saß ich einfach da und tat nichts. Ich habe in diesem Frieden, in dieser Harmonie gebadet. Es war so schön. Die Zeit verging...

Plötzlich meldete sich mein Verstand. Gedanken kamen: „Du kannst doch nicht einfach nur dasitzen und nichts tun." Er hatte ja recht, der Verstand. Da seit der letzten Spritze vier Stunden vergangen waren, habe ich das verordnete Morphium gespritzt, die Mundpflege gemacht und dein Gesicht gewaschen. Ich handelte wie in Trance. Eine große Liebe und Zärtlichkeit hatte mich ergriffen. Deine Ruhe war so ansteckend, so übergreifend. Sie wurde Bestandteil von uns beiden, sie kam aus deinem Inneren heraus.

Obwohl das Atmen mühsam war und du von Zeit zu Zeit gestöhnt hast, spürte ich deine Bereitschaft und Hingabe in den Prozess des Sterbens. Da war kein Kampf mehr. Nachdem das Morphium seine Wirkung getan hatte, wurde deine Atmung oberflächlicher und dein Stöhnen seltener. Dein Leib war nun ruhig gestellt, doch deine Seele war hellwach. Wie konnte ich dir begegnen? Mit welchen Worten, Gebeten oder Mantras dich erreichen? Solche Fragen beschäftigten mich. Ich bat um ein Zeichen.

Es herrschte Totenstille im schwach erleuchteten Raum. Die Türe war ganz wenig offen. Plötzlich ging sie langsam, wie von selbst auf. Da ich niemanden sah, bekam ich Angst. Mein Gott, was passiert jetzt? Erscheint ein Geist?

Da, endlich sah ich die Katze. Sie kam mit eleganten Schritten sehr behutsam zur nun weit offenen Türe herein. Ich wollte sie rufen, doch etwas in mir hielt mich zurück. Ich beobachtete nur.

Ich war total aufmerksam. Sie nahm einen Sprung auf dein Bett und schritt vorsichtig um dich herum. Mein Verstand meldete sich erneut: „Jage die Katze hinunter. Sie hat auf dem Bett einer Sterbenden nichts zu suchen. Das gehört sich nicht." Ich ließ die Katze gewähren und saß ganz still, nur beobachtend, was weiter geschah. Ich bewunderte die Katze in ihrem So-Sein.

Sie scherte sich nicht darum, ob sich etwas schickte oder nicht. Sie machte einfach, was sie wollte. Nachdem sie dich vorsichtig und liebevoll beschnuppert hatte, sprang sie auf meinen Schoß. Es war unsere erste Begegnung. Entgegen meiner Gewohnheit, das Tier sofort an mich zu drücken und zu streicheln, tat ich nichts. Es war so komisch…

Ich habe mich noch nie einem Tier so nahe, so verbunden gefühlt. Was wollte mir die Katze sagen? Etwa das: „Höre auf zu analysieren, sei einfach da, wie ich. Ohne Ratschläge zu geben, locker und unaufdringlich. Du sollst nichts mehr wollen, nichts mehr sollen, einfach nur sein, geschehen lassen und wahrnehmen, was ist. Anna und ich tun es auch." – Sind das nicht die Qualitäten des Buddhismus, in jedem Augenblick Achtsamkeit zu üben? Zu wissen, was in uns und um uns vorgeht? Dann hat die Katze, wie um der ganzen Botschaft Nachdruck zu verleihen, mich mit ihrem Kopf einige Male „angeschuppst" und ist wieder so lautlos verschwunden, wie sie gekommen ist. Nach dieser Begegnung war alles anders. Jetzt wusste ich, dass der gegenwärtige Augenblick alles ist, was zählt.

Gegen Morgen stieg das Fieber an. War diese Hitze eine Reinigung für dich? Ich habe darum gebeten, dass du geläutert aus diesem Feuer hervorgehen mögest. So wurde es Morgen. Als dein Vater kam und dich sah, war er sehr traurig. Er fragte mich: „Wie lange muss sie noch so leiden?" Ich antwortete: „Ich weiß es nicht.

145

Ich glaube, Anna wird bald ganz ruhig einschlafen. Der Kampf ist vorbei." Und so ist es auch geschehen.

Am Nachmittag, als ich kam, um Abschied zu nehmen, hat mir dein Vater als Erstes gesagt: „Schwester Erica, Anna ist so schön gestorben, wie sie gesagt haben. Sie hat einfach aufgehört zu atmen." Ich spürte, dass trotz des Verlustschmerzes eine Erleichterung da war, und dass er froh war, dabei gewesen zu sein.

Ich bin Anna zu großem Dank verpflichtet. Durch ihr Sterben hat sie allen Beteiligten reiche Erfahrungen geschenkt. Sie war eine starke Persönlichkeit, und ihre Einmaligkeit, ihre Ausstrahlung hat sie bis zuletzt begleitet.

Diese Sterbebegleitung war für mich ein großes Geschenk. Zusammenfassend habe ich erkannt: Wenn wir es schaffen, uns dem Prozess des Lebens und des Sterbens zu stellen; wenn wir erkennen, dass das Geschehen-Lassen uns für die andere Wirklichkeit öffnen kann, dann – ja, dann ist einfach alles so einfach.

Im Moment des Übergangs betreten alle Sterbenden eine andere Dimension, die wir Begleiter noch nicht betreten dürfen, aber ahnen und spüren können, was uns dort einmal erwartet. Da, wo alles ist, wie es ist. Vollkommen und rein. Mit einem Wort – „Daheim". Es geht im Leben und im Sterben nicht darum, was wir tun oder wie wir etwas tun. Wichtig ist allein, wie viel Liebe wir in unser Tun legen. In die Arbeit, in jede Begegnung, in jede Begleitung, die ER uns anvertraut.

Danke Anna, dass ich durch dich und mit dir in diese Erfahrung gehen konnte. Danken möchte ich auch dir, Katze. Du hast mich durch dein Erscheinen im richtigen Moment zum Verstehen angeregt. Danke, dass ich in dir ein Geschöpf Gottes erkennen konnte und dadurch bereit war, das anzunehmen, was du mir sagen wolltest.

Die Patientenverfügung

Es ist gut zu wissen, dass der Kranke in der heutigen Zeit sein Schicksal durchaus mitbestimmen und seinen letzten Willen schriftlich kundtun kann. Caritas Schweiz und noch andere Organisationen geben *Patientenverfügungen* ab.

Die Verfügung bestimmt, dass bei aussichtsloser Prognose auf „alle lebensverlängernden Maßnahmen zu verzichten sei, dass aber alles unternommen werden soll, um belastende Symptome, wie Schmerzen, zu lindern." Zweck der Verfügung ist die Wahrung des persönlichen Willens für den Fall, dass jemand sich aus Krankheitsgründen nicht mehr äußern kann. Sie müssen immer wieder neu aktualisiert werden.*

Ich habe auch erlebt, dass die Schwerkranken ihre Verfügung mehrmals abgeändert haben, je nach dem, wie sie sich gesundheitlich gefühlt haben. Diese Bestimmungen können vor allem für die Angehörigen sehr belastend sein.

Ein Beispiel möge aufzeigen, dass es nicht einfach ist, nach dem letzten Willen der Schwerkranken zu handeln, auch dann, wenn eine persönliche Patientenverfügung vorliegt.

Von einer lieben Bekannten, die ich längere Zeit in ihrer schweren Krankheit begleitet habe, wurde ich gefragt, ob ich bereit wäre, ihre letzte Verfügung zu unterschreiben. In diesem Dokument von Caritas Schweiz stand unter anderem:

---

* In Deutschland wurde die Patientenverfügung 2009 neu geregelt.
  (Vgl. dazu: Bernhard F. Klinger – Die Patientenverfügung (Anm. d. Vlg.))

„Ich wünsche, dass alle lebensverlängernden Maßnahmen zu unterlassen sind. In jedem Fall wünsche ich aber, dass alles unternommen wird, um belastende Symptome zu lindern." Unter weiteren Bemerkungen war handschriftlich eingefügt: „Ich wünsche keine Spitaleinweisung mehr." Die Tochter und ich haben das Dokument unterschrieben. Doch vorher fand ein klärendes Gespräch zwischen dem Ehemann und mir statt. Ich wollte nicht ohne sein Einverständnis unterschreiben. Er sagte, er könne nicht unterschreiben, weil er das Gefühl habe, mit diesen Maßnahmen ihren Tod zu beschleunigen. Er sei aber dankbar, wenn ich unterschreibe, weil es doch ihr Wille sei. Ich konnte ihn so gut verstehen. Die Schwerkranke sprach immer wieder einmal vom Sterben. Sie sagte wörtlich, sie sehe eine Chance darin, in einem Anfall von Herz- oder Lungenversagen gehen zu dürfen. Sie war schon einige Male im Krankenhaus und hatte leider nicht nur gute Erfahrungen gemacht.

Der Tag kam, dass sie wieder einen akuten Anfall bekam und trotz Morphium- und Sauerstoff-Gaben nach Luft gerungen hat. Ich war abwesend, und ihr Ehemann hat sie notfallmäßig ins Krankenhaus einweisen lassen. Als die Tochter mich später erreichte und mir mitteilte, was sich ereignet hatte, bin ich sofort zu ihr gefahren. Die akute Lebensgefahr war vorbei. Ich habe sie gefragt, ob das in Ordnung war, dass man sie gegen ihren Willen eingewiesen hätte. Sie hat mir in die Augen geschaut und gesagt: „Erica, wenn du wüsstest, wie schlimm es ist, zu ersticken, dann könntest du mich verstehen. Ich habe nach Atem gerungen, nach Luft geschnappt und konnte nur noch sagen, bringt mich ins Krankenhaus." Ich antwortete: „Dann stimmt es also nicht mehr, was in deiner Verfügung steht." „Doch, doch, aber nur, wenn ich nicht mehr bei Bewusstsein bin."

Dieses Beispiel zeigt deutlich, wie schwer es doch sein kann, für einen anderen Menschen zu entscheiden. Ich empfand diese Verfügung, als ob sie etwas Widersprüchliches wäre. M. wollte nicht mehr ins Krankenhaus. Sie wünschte sich, in einer akuten Gefahr sterben zu können. Gleichzeitig sollte man aber alles unternehmen, um belastende Symptome (in diesem Fall war es Atemnot) zu lindern. Im Nachhinein war ich froh, dass ich nicht erreichbar war. Wie hätte ich wohl entschieden, wenn man mich gefragt hätte.

Meine Bekannte konnte das Krankenhaus bald darauf wieder verlassen und hat noch einige Monate gelebt. Schöne und weniger schöne Stunden hat sie noch durchgemacht, bis sie ihrem Wunsch gemäß zu Hause einschlafen durfte. Es waren keine weiteren Krankenhaus-Aufenthalte mehr nötig.

Maria, eine spirituell denkende liebe Freundin, hat sich intensiv mit diesem Thema auseinandergesetzt. Sie hat Punkte aufgezeigt und ins Bewusstsein gebracht, die man in anderen Verfügungen so nicht vorfindet. Ich habe die Erlaubnis, sie so in mein Buch aufzunehmen. Die Verfügung orientiert sich am christlichen (katholischen) Glauben.

Aus Schutzgründen sind wenige Änderungen vorgenommen worden. Diese Verfügung soll als Denkanstoß dienen und kann für jeden Leser, der sich dafür interessiert, als Anleitung übernommen werden.

Eine so aufgesetzte Patientenverfügung ist verbindlich.[*] Die Verbindlichkeit meint in diesem Zusammenhang jene moralische

---

[*] Zumindest in der Schweiz. (Anm. d. Vlg.)

Verpflichtung, die von Ärzten und Pflegenden verlangt, dass sie ernst genommen und so umgesetzt wird.

Das folgende Beispiel eignet sich für alle, die sich Gedanken machen über ihr Sterben. Für eine Notfallsituation und für die Ärzte sollten nur die wichtigsten Punkte auf einer Karte stehen. Ich denke, dass den Ärzten die Zeit fehlt, um dann, wenn schnelle Entscheidungen anstehen, die ganze Patientenverfügung zu lesen.

Beispiel einer Verfügung

Name
_____

Adresse
_____

Im Besitz meiner vollen geistigen und psychischen Kräfte verfüge ich (Vorname, Name) Folgendes:

Wenn ich durch eine Krankheit oder bedingt durch einen Unfall nicht mehr in der Lage sein sollte, selbstständige Entscheidungen zu treffen, möchte ich, dass Folgendes beachtet und befolgt wird:

1. Grundsätzliches

Wenn bei mir durch eine schwere Grunderkrankung, die unweigerlich zum Tode führen wird, oder durch einen Unfall, wie auch eine Erkrankung und Schädigung meines Gehirns, meine Denk- und Handlungsfähigkeit für immer verloren ist oder diese nach ärztlicher Prognose massiv eingeschränkt bleiben sollte, verfüge ich hiermit, dass von medizinischer Seite keine lebensverlängernden Maßnahmen eingeleitet werden.

2. Konkretisierung: Weiterhin ist zu beachten

Diagnostische Maßnahmen sollen nur stattfinden, wenn diese für die Optimierung einer schmerzlindernden Therapie notwendig sind.

Operationen sollen einzig zum Zweck der Schmerzlinderung stattfinden.

Antibiotika sollen keine gegeben werden.

Eine künstliche Beatmung sowie die Herztätigkeit unterstützende Maßnahmen sollen nicht durchgeführt werden.

Eine künstliche Ernährung soll weder über eine Magensonde durch den Mund, die Nase oder durch die Bauchdecke noch über die Vene erfolgen.

Flüssigkeit und Flüssigkeitsmengen sollen nach den aktuellen Erkenntnissen der Palliativmedizin verabreicht werden.

Lebensverlängernde Maßnahmen, die den Tod nur hinauszögern, lehne ich ab. Einem natürlichen Sterbeprozess soll nichts Verhinderndes entgegengestellt werden.

Es sollen keinerlei Forschungen oder wissenschaftliche Studien an mir im Zusammenhang mit der Erkrankung durchgeführt werden.

Ich erwarte eine Schmerztherapie, die ausreichend ist und allfällige Schmerzen erträglich macht. Ich wünsche, dass alle unter „2. Konkretisierung" aufgeführten Punkte beachtet werden, selbst wenn dadurch mein Leben verkürzt werden sollte.

3. Organspende

Ich spende keines meiner Körperorgane, und ich möchte selber auch keine.

4. Autopsie

Ich verbiete ausdrücklich eine Autopsie meines Körpers.

5. Wünsche für mein Sterben

Ich wünsche, dass die behandelnden Ärzte/Ärztinnen an meinem Bett laut und verstehbar über Diagnosen und beschlossene Therapien mit mir sprechen, dies auch, wenn eine Einstellung der Therapien beschlossen werden sollte. Diese Mitteilungen sollen auch erfolgen, wenn ich keine Anzeichen von Verstehen, weder verbal noch nonverbal, von mir geben kann.

Ich wünsche mir, dass die zur Familie gehörenden Personen sowie Verwandte und Bekannte mich jederzeit besuchen können. Ferner wünsche ich, so weit ich das selber vorher nicht einleiten konnte, dass im Rahmen einer religiösen Feier (in der Feier der Krankensalbung, wenn ein Priester vor Ort ist, oder im Rahmen einer Segensfeier) mein Sterbeprozess spirituell begleitet wird, und zwar in dem Sinne, dass ich die Tat des Sterbens als einen existenziellen Akt sehe, indem ich mein Leben Gott übergebe.

Ich lebe und sterbe in der Hoffnung auf Auferstehung – mein Glaube und meine Hoffnung sollen zeichenhaft, nach Möglichkeit im Beisein meiner Familie, gefeiert werden.

6. Bestattung

Nach meinem Ableben wünsche ich, dass mein toter Leib einge-
äschert wird. Die Urne soll auf dem Friedhof in einem Urnengrab
beigesetzt werden.

Datum
_____

Ort
_____

Unterschrift
_____

Weiter kann man in einer Verfügung Personen und Freunde bestimmen, die das Sterben begleiten werden. Man kann auch in
einer Verfügung die Ärzte/Ärztinnen von ihrer Schweigepflicht
gegenüber den aufgeführten Personen entbinden.

Die Menschenrechts-Deklaration für Sterbende

Stefan von Jankovich

Ich habe das Recht,
als lebendiges, individuelles, menschliches Wesen behandelt zu
werden, bis ich sterbe.

Ich habe das Recht,
eine hoffnungsvolle positive Einstellung für meine Genesung zu
bewahren, wie wechselnd diese Einstellung auch sein mag.

Ich habe das Recht,
mich auf meinen individuellen Tod vorzubereiten, so wie ich es
selbst wünsche.

Ich habe das Recht,
meine Empfindungen, Gefühle, Emotionen und Gedanken – meinen nahenden Tod betreffend – auf meine eigene Art und Weise auszudrücken und mit Menschen, die ich auswähle, zu besprechen.

Ich habe das Recht,
mich an Entscheidungen zu beteiligen, die meine Behandlung betreffen.

Ich habe das Recht,
kontinuierliche medizinische und pflegerische Hilfe zu erwarten, obgleich „technische" Ziele ausgetauscht werden müssen in „humane" Ziele.

Ich habe das Recht,
nicht alleine zu sterben, wenn ich das will.

Ich habe das Recht,
schmerzfrei zu sein oder Schmerzlinderung zu bekommen.

Ich habe das Recht,
meine Fragen aufrichtig beantwortet zu bekommen und nicht hinters Licht geführt zu werden.

Ich habe das Recht,
von und für meine Familie Hilfe zu erhalten, für die Annahme meines Todes.

Ich habe das Recht,
menschenwürdig, natürlich und in Frieden zu sterben.

Ich habe das Recht,
vorher zu bestimmen, ob und unter welchen Umständen bei mir Wiederbelebungs- oder lebensverlängernde künstliche Maßnahmen eingeleitet werden sollen.

Ich habe das Recht,
meine Individualität aufrechtzuerhalten und für meine Entscheidungen nicht verurteilt zu werden, die vielleicht im Widerspruch stehen zur Meinung anderer.

Ich habe das Recht,
religiösen und/oder spirituellen Erfahrungen entsprechend, individuell motivierte Hilfe zu erhalten.

Ich habe das Recht,
umsorgt zu werden von fürsorglichen, sensiblen, wissenden, kenntnisreichen Menschen, die sich Mühe geben werden, meine Bedürfnisse zu verstehen, und die fähig sein werden, eine innere Befriedigung zu gewinnen, indem sie mir helfen, meinem Tod ins Auge zu schauen.

Ich habe das Recht,
selbst zu bestimmen, ob mir fremde Organe eingepflanzt werden dürfen. Und ich habe ebenso das Recht, zu bestimmen, ob Organe aus meinem Körper für andere Transplantationen entnommen werden dürfen.

Ich habe das Recht,
zu erwarten, dass die Heiligkeit des menschlichen Körpers nach meinem Tod respektiert werde.

Ich habe das Recht,
die Aufbahrung, Beerdigung oder Kremation meines ehemaligen Körpers vor dem Tod selbst zu bestimmen.

Dieses Skript habe ich anlässlich meines Vortrages (1999) im *Homo Harmonikus* in Zürich von Stefan erhalten. Er hat mir gestattet, es zu verwenden. Immer noch, bis heute, haben viele Ärzte und Institutionen Mühe mit dem Einhalten und Befolgen einer Patientenverfügung. Dass die Ärzte Mühe haben, kommt, so glaube ich, vom Hippokratischen Eid, den die Ärzte ablegen. Darin stehen unter anderem die wichtigen Aufgaben des Arztes: „Leben erhalten, Schmerzen lindern und alles tun, was nur möglich ist."

Palliative Care

„Das Sterben eines Menschen bleibt als wichtigste Erinnerung zurück bei denen, die weiterleben. Aus Rücksicht auf sie, aber auch aus Rücksicht auf den Sterbenden, ist es unsere Aufgabe, einerseits zu wissen, was Schmerz und Leiden verursacht; andererseits zu wissen, wie wir diese Beschwerden effektiv behandeln können. Was immer in den letzten Stunden eines Menschen geschieht, kann viele bestehende Wunden heilen; es kann aber auch als unerträgliche Erinnerung verbleiben, die den Weg durch die Trauer verhindert."

Cicely Saunders

Palliativ-Pflege heißt nicht – wie allgemein angenommen, „Nichts-mehr-machen-Können". Im Gegenteil, man kann noch sehr viel machen. Wenn ich dieses Thema hier ansprechen möchte, so geht es mir vor allem um den Aspekt, dass es möglich ist, wenn man Schwerkranken eine angemessene Betreuung anbietet, den Wunsch nach Sterbehilfe als letzten Ausweg dadurch zu verhindern.

Kurz möchte ich erklären, was unter *Palliativ Care* zu verstehen ist: *Palliativ Care* bedeutet eine aktive und umfassende Behandlung, Pflege und Begleitung von Patienten zum Zeitpunkt, da ihre Krankheit nicht mehr auf eine heilungsorientierte Behandlung anspricht. Wenn fast keine Heilungschancen mehr bestehen, werden bei einer palliativen Behandlung unnötige Medikamente, wie Herzmittel, Medikamente gegen erhöhten Blutdruck usw., abgesetzt. Auch diverse unnötige Maßnahmen, wie Blutentnahmen, Operationen, Untersuchungen, Flüssigkeitszufuhr über Infusionen und Sonden, werden reduziert oder ganz unterlassen. Die Pflege richtet sich nach den spezifischen Beschwerden des Schwerkranken. Auch sollte verhindert werden, dass in den letzten Stunden und Tagen vor dem Tod belastende und unwürdige Transporte, Maßnahmen oder Einweisungen vorgenommen werden.

Wichtig sind genügend Schmerzmittel in festgelegten Zeitabständen. Wenn die Kranken nicht mehr schlucken können, gibt es heute auch andere Verabreichungsmöglichkeiten, und sie werden auch eingesetzt. Ich denke da vor allem an Schmerzpumpen und Schmerzpflaster. Die wichtigsten Symptome, wie Schmerzzustände, Atemnot, Unruhe, Angst oder Panik, können so Linderung erfahren.

Die Behandlung von Schmerzen bei Schwerkranken ist in zahlreichen Lehrbüchern und Beiträgen umfassend beschrieben. Das wichtigste Schmerzmittel in der Endphase ist das Morphium in regelmäßigen Dosen. Manche Menschen kommen jedoch vor dem Sterben mit wenigen Einzeldosen aus.

Für einen behandelnden Arzt sowie für die Angehörigen bedeutet es eine große Herausforderung, wenn sie Stellung nehmen müssen, ob es überhaupt noch Sinn macht, dieses Leben mit allen Anstrengungen retten zu wollen, oder ob jetzt angesagt sei, die Linderung der Beschwerden bis hin zum Lebensende an die erste Stelle zu setzen. Dazu gehört auch der Umgang mit dem Durst, mit der Flüssigkeitszufuhr allgemein. Patienten im Endstadium verlieren nicht nur das Interesse am Essen, sondern sie mögen mit der Zeit auch nicht mehr trinken. Oft sind sie aus verschiedenen Gründen auch nicht mehr fähig dazu. Hier stellt sich immer wieder die Frage, ob die Flüssigkeit künstlich verabreicht werden soll. Menschen im Endstadium ihres Lebens brauchen viel weniger Flüssigkeit. Die Studien zeigen auf, dass Patienten, die keine zusätzliche Flüssigkeit erhalten haben, weniger Erbrechen, weniger Bronchialsekret haben und auch weniger unter Schmerzen leiden, weil die Wasseransammlungen im Gewebe weniger auftreten.

Eine kompetente Mundpflege gehört zum Wichtigsten, was wir für einen Sterbenden tun können. Das Anfeuchten von Lippen, Mund und Rachen ist notwendig. Der Mund sollte jedoch nicht gewaltsam geöffnet werden. Da die Schwerkranken oft von der Nasenatmung zur Mundatmung übergehen, trocknen die Mund- und Rachenschleimhäute schnell aus. Die individuelle Behandlung des Durstes richtet sich nach den Wünschen der Patienten. Es können zusätzlich zu Wasser (gerne mit Eisstücken) Obstsäfte, wie Zitrone, Orange oder Ananas, verwendet werden. Zur Unterstützung der Speichelproduktion, aber nur wenn der Kranke noch ansprechbar ist, können auch Fruchtbonbons oder Kaugummi hilfreich sein.

Der Durst und seine Behandlung mit Flüssigkeit ist ein kontroverses Thema. Vielen Angehörigen fällt es sehr schwer, mit ansehen zu müssen, wie ihre Liebsten keine Nahrung und nicht einmal mehr Flüssigkeit bekommen. Sie möchten dann doch noch, dass ihr im Sterben liegendes Familienmitglied künstlich ernährt wird. Wenn es gelingt, die Angehörigen zu überzeugen, dass zu viel Flüssigkeit dem Sterbenden Beschwerden verursacht, ich denke da an Wassereinlagerungen und Todesrasseln, bis hin zu beschleunigter Atmung und Herzversagen, dann können die Angehörigen besser damit umgehen. Also Aufklärung ist notwendig.

Es sollen jedoch nicht nur moderne Schmerztherapien angewandt werden. Ebenso wichtig ist es, dass gut geschulte und fähige Menschen diese Patienten auch begleiten. Weil es in unserem Gesundheitssystem immer um Kosten geht, wird dieser Einsatz meistens von freiwilligen Helfer/Innen ausgeführt. Überall sind Vereinigungen zur Begleitung von Schwerkranken und Sterbenden entstanden, die freiwillige Helferinnen und Helfer ausbilden, welche diese Aufgabe mit viel Liebe und Engagement übernehmen.

Die Angst vor Schmerzen, Isolation, Apparatemedizin und das Gefühl, nichts mehr wert zu sein, darf nie zur aktiven Sterbehilfe führen. Es tut mir jedes Mal tief im Herzen weh, wenn alte, schwerkranke Menschen sich selber nur noch als unnütze Last und als Kostenverursacher der Krankenkassen sehen. Ich habe diese Meinung von Schwerkranken und vor allem von Chronisch-Kranken oft gehört. Ich glaube, hier haben wir allen Grund, uns Gedanken darüber zu machen, wie es einem Kranken zumute ist, wenn er dauernd hört, wie die vielen alten und kranken Leute das Gesundheitssystem belasten und zur Kostenexplosion führen. Wir werden ja alle älter. Ich glaube, der Freitod auf Verlangen stünde etwas weniger zur Debatte. Viele Menschen, die sagen: „Ich will nicht mehr leben", meinen doch im Grunde, ich will *so* nicht mehr leben. Wenn sie aber erfahren dürfen, dass da Menschen sind, die ihnen aufrichtig helfen wollen, sind sie erfreut und dankbar über die Zeit, die ihnen noch bleibt.

Sterbehilfe[*]

Soll ein schwerkranker Patient im Krankenhaus oder sonstwo das Recht haben, den Tod zu wählen und zu verlangen; und kann er fordern, dass der Arzt ihm eine todbringende Spritze gibt? Nein. Wie lässt sich Missbrauch verhindern? Im Zusammenhang mit der Sterbehilfe werden verschiedene Begriffe verwendet:

Beihilfe zum Suizid

Sie liegt dann vor, wenn man einem Patienten die Mittel, z. B. ein Gift, zur Verfügung stellt, um Suizid zu begehen. Die Medikamente werden auf den Tisch gelegt, und der Patient nimmt sie selbst. Gemäß den Richtlinien der Schweizerischen Akademie der Medizinischen Wissenschaften ist sie kein Teil der ärztlichen Tätigkeit. Die Spitäler weigern sich in den meisten Fällen. Die Kranken müssen das Krankenhaus verlassen. Die Handlung ist nach Schweizer Recht nicht strafbar, wenn sie ohne selbstsüchtige Beweggründe geleistet wird.

Passive Sterbehilfe

Darunter versteht man den Verzicht auf lebenserhaltende Maßnahmen. Passive Sterbehilfe ist laut den Richtlinien zulässig.

---

[*] Die Rechtslage in Deutschland oder in Österreich weicht von der hier geschilderten und auf die Schweiz bezogenen teilweise ab.

Indirekte aktive Sterbehilfe

Sie liegt dann vor, wenn zur Linderung des Leidens Mittel eingesetzt werden, zum Beispiel schmerzstillende Morphine, die als Nebenwirkung zum Tode führen können. Auch diese Form ist in der Schweiz zulässig.

Direkte aktive Sterbehilfe

In diesem Fall führt der Sterbehelfer den Tod eines Menschen durch eine Handlung gezielt herbei, mit der Absicht, dessen Leiden zu verkürzen. Sie erfüllt den Tatbestand der Tötung auf Verlangen und ist strafbar.

Plötzlicher Tod

Plötzliche Todesfälle sind immer sehr erschütternd, und die Angehörigen brauchen noch mehr Hilfe und Unterstützung als sonst. In der ersten Zeit stehen sie alle unter Schock. Der plötzliche Tod wird von den Angehörigen ganz anders erlebt als alle bisherigen Verluste. Da er immer unvorbereitet und unerwartet eintritt, wird allen Beteiligten die Möglichkeit genommen, vom Toten Abschied zu nehmen. Alles, was noch hätte gesagt werden können oder sollen, bleibt unausgesprochen.

Die meisten Menschen stellen in dieser Situation die verzweifelte Frage nach dem „Warum". Dahinter verbirgt sich oft das Nicht-akzeptieren-Können. Es fällt vielen schwer zu sagen: „Sein Wille geschehe." Doch in der akuten Situation kann fast niemand so denken. Im ersten Schmerz ist viel häufiger zu hören: „Es gibt keinen Gott, sonst hätte er das nicht zulassen können." Eine Stinkwut auf Gott ist häufig anzutreffen. Ich weiß, wovon ich spreche. Ich hatte doch diese Wut auch nach der Totgeburt unseres dritten Kindes. Es ist viel schwerer, mit einem plötzlichen Tod zurechtzukommen, als mit einem erwarteten.

Noch dramatischer wird es empfunden, wenn der Tod gewaltsam war. Ich denke da an Mord oder Suizid. Die Selbsttötung ist immer noch mit einem großen Tabu behaftet und stürzt die Angehörigen in eine absolute Hilflosigkeit. Man ignoriert häufig die vorhergehenden Signale. Sie werden den Mitmenschen erst im Nachhinein bewusst und stürzen die Hinterbliebenen in starke Schuldgefühle.

Wie habe ich diese Situationen im Krankenhaus erlebt?

Reanimation

Reanimation: Ja oder Nein? Wo stehen wir heute mit dieser Frage in Krankenhäusern und Pflegeheimen? Die Ärzte, aber auch Pflegende, haben eine genau definierte Aufgabe rund um den Patienten: Kampf gegen die Krankheit, Schmerzen lindern, Leben erhalten, alles tun, was noch möglich ist. Das kommt vom Hippokratischen Eid, den die Ärzte leisten, und wohl auch vom schweren Eingeständnis, nicht mehr helfen zu können. Die Medizin mit ihren vielen Möglichkeiten zur Lebensverlängerung ist weit fortgeschritten. Heute sind wir so weit, dass die Menschen fürchten, es werde zu viel und zu lange etwas gemacht. Aus diesem Grund sind die Patientenverfügungen entstanden. Diese bestimmen genau, was nicht mehr gemacht werden darf und soll.

Ich habe diese Entscheidungen immer als sehr schwer und wie zwischen zwei Fronten erlebt. Heute wird in einem Krankenhaus vorher abgeklärt, ob ein Mensch eine Reanimation wünscht und im Ernstfall noch auf die Intensivstation verlegt werden möchte. Im Zweifelsfall wird bis zuletzt alles Sinnvolle und Lebenserhaltende getan.

Einmal durfte ich intensiver als sonst erleben, was bei einem Wiederbelebungsversuch abläuft und wie man es auf der feinstofflichen Ebene wahrnehmen kann.

Ein Beispiel:

Ein älterer Patient, der eine Prostata-Operation gut überstanden hatte und am folgenden Tag entlassen werden sollte, ereilte bei der Morgentoilette eine Lungenembolie.
Sofort wurde von den Schwestern der Reanimationsalarm ausgelöst. Der Patient lag vor dem Waschbecken am Boden. Ohne Zeit zu verlieren, wurde mit den Wiederbelebungsversuchen begonnen. Abwechselnde Beatmung und Herzmassage wurden ausgeführt. Ich kniete unten bei den Füßen des Kranken. Ich spürte ganz deutlich, dass der Kranke schon den Körper verlassen hatte. Beim Beatmen sah ich, wie sich so etwas wie eine Luftblase in den Körper hinein und aus dem Körper hinaus bewegte, und dies genau im Rhythmus der Beatmung. Ich war mir ganz sicher, dass dieser Mann nicht mehr in den Körper zurück wollte. Nach zehn Minuten erfolgloser Reanimation wurde die Übung abgebrochen. Der Patient war gestorben.

Man fragt sich jetzt vielleicht, wieso hat man bis zuletzt alles versucht und den Patienten nicht einfach sterben lassen? Diese und fast alle Fragen in diesem Zusammenhang haben denselben Hintergrund. Es ist nicht leicht, wenn ein Arzt den Angehörigen berichten muss, dass der Patient plötzlich verstorben ist. Er war doch gesund und sollte das Krankenhaus am folgenden Tag verlassen können. Immer wieder wird den Angehörigen in dieser Situation als Trost mitgeteilt, man habe bis zum Schluss versucht, alles zu tun, um das Leben des Patienten zu erhalten.

Sehr häufig hört man auch sagen, wenn ein Mensch auf einer Unfallstelle wiederbelebt wird und hinterher lange Zeit im Koma liegt: „Den hätte man auch lieber sterben lassen." Die Frage ist nur: Wusste man es vorher? Das Wissen, dass alles einem göttlichen Plan folgt und die Zeit vorherbestimmt ist – die Zeit zu leben und die Zeit zu sterben – hilft uns, diese Schicksale anzunehmen.

Abschied – Loslassen – Trauern

Alle drei Begriffe haben etwas gemeinsam: Sie fließen ineinander und bedingen sich gegenseitig. Abschied ist ein Loslassen, ein Sich-Loslösen von Beziehungen und liebgewordener Materie. Trauer wird ausgelöst durch ein starkes Verlusterlebnis. Um sterben zu können, muss ich lernen loszulassen. Nur wenn wir uns bewusst sind, dass der Tod und Verlust zum Leben gehören und somit entstehende Trennungs- und Trauerschmerzen zu unserem Leben gehören, können wir loslassen. Alle unsere Besitz ergreifenden Bindungen verursachen unweigerlich Leid, und so können wir nur glücklich sein, wenn wir diese Bindungen loslassen.

Loslassen muss ein Leben lang geübt werden. Wenn ein Mensch schwer krank wird und sterben muss, wird die Aufgabe konkret. Der Schwerkranke muss sich nun der Thematik stellen. Er hat keine Wahl mehr, was sehr schwer ist; denn das Wollen dominiert und hält sich länger als das Können. Loslassen ist nicht eine Sache des Wollens (aktiv), sondern des Geschehen-Lassens (passiv).

Auch für die trauernden Hinterbliebenen ist es sehr wichtig, dass sie den/die Verstorbenen loslassen. Professor Werner Schiebeler schreibt in der Wendezeit Nr. 1/08: „Trauer belastet die Toten".

„Jeder Gedanke wirkt auf sie wie ein Telefonanruf. Für einen Verstorbenen können der Schmerz und die Verzweiflung seiner Angehörigen im ‚Jenseits' zur schweren Last werden." [11]

So das Ergebnis der Untersuchung des deutschen PSI-Forschers Prof. Werner Schiebeler. In den Botschaften aus dem Jenseits stieß er immer wieder auf dieselbe Klage: Eine tief anhaltende Trauer von Hinterbliebenen behindert die Seele noch lange, nachdem sie ihren Körper verlassen hat.

Ich erinnere mich:

Als unser Vater starb, war die Trauer über den Verlust und die Sehnsucht nach ihrem Partner, der sie und drei Kinder im Stich gelassen hatte, für unsere liebe Mutter grenzenlos. Sie hat in ihrem Schmerz viel und oft geweint. Vor allem in der Nacht, wenn sie dachte, es hört sie niemand, hat sie sich ihren unsäglichen Schmerz von der Seele geweint. Ich habe sie, weil mein Zimmer neben dem Elternzimmer lag, oft weinen gehört.

Eines Morgens, als ich Mama fragte, warum sie letzte Nacht wieder so viel geweint habe, erzählte sie mir Folgendes: „Kind, heute Nacht ist mir im Traum Papa erschienen. Weißt du, er war wirklich da. Ich habe ihn gespürt, er war wirklich bei mir. Ich bin todsicher, es war mehr als ein Traum. Er sagte zu mir: „Ich bin zurückgekommen, um dich zu bitten: Höre auf, um mich zu weinen." Er hat mich gebeten, nicht mehr so traurig zu sein. Er erzählte mir, er sei so glücklich in der anderen Welt, aber die vielen Tränen und die immense Traurigkeit hielten ihn zurück." Ich war damals etwa fünfzehn Jahre alt. Ich erinnere mich, dass es auf mich gar nicht komisch oder unnatürlich wirkte, was Mama da erzählte. Obwohl es für meine Mutter im Moment ein Trost war und trotz des neu gewonnenen Wissens ist es Mama noch längere Zeit schwergefallen, ihre Trauer zu überwinden und Papa loszulassen.

Wir haben niemals mehr über das Erlebnis gesprochen. Doch etwa zwei Jahre vor Mamas Tod, als ich mit ihr wieder einmal über das Leben nach dem Tod sprach, hat sie mir gesagt: „Weißt du, Kind, ich bin mir ganz sicher, dass Papa in der geistigen Welt weiterlebt. Ich erinnere mich in letzter Zeit immer besser daran, wie er mich besucht hat und wie er so glücklich aussah. Du hast mir erzählt, ich werde von ihm abgeholt und kann es auch glauben, aber weißt du, ich habe Angst, ich würde ihn nicht mehr erkennen. Er ist ja schon mehr als sechzig Jahre tot." Ich versicherte ihr, dass sie ihn sicher erkennen würde, weil sie ihn im Herzen erspüren und seine große Liebe fühlen und wahrnehmen würde. Sie hat mich verstanden. Wir haben anschließend dieses Ereignis nie mehr erwähnt.

Zwei Jahre später, als Mama im Sterben lag und ihre Demenz so weit vorgeschritten war, dass keine Kommunikation mehr möglich war, ist Papa erneut erschienen. Ich saß am Bett, und sie lag schon längere Zeit reglos da, als sie plötzlich flüsterte: „Papa, endlich." Ich habe ihre Worte ganz deutlich verstanden und mich sofort an unsere Gespräche erinnert. Nur diese zwei Worte waren zu hören: „Papa, endlich." Dann ist Mama wieder in Agonie versunken, und zwei Tage später konnte sie ruhig einschlafen.

Ich bin mir ganz sicher, dass meine Mutter meinen Vater gesehen und auch erkannt hat. Ich habe diese liebevolle Energie deutlich wahrgenommen, und außerdem hat Mama immer von Papa gesprochen, wenn sie ihren Mann gemeint hat.

Erkenntnisse aus der Parapsychologie:

„Die Forschungsergebnisse der Parapsychologie gehen davon aus, dass sich ein so genannter feinstofflicher Leib oder Astralleib von seinem irdischen materiellen Körper trennt, in einen anderen, jenseitigen Daseinsbereich übertritt und dort sein Leben fortsetzt. Außerdem ist ein Nachrichtenaustausch zwischen dem Diesseitigen und Jenseitigen unter bestimmten Voraussetzungen möglich, der uns durch Schilderungen über die Erlebnisse und Gefühle von Verstorbenen Auskunft geben kann." [12]

Memento

Vor meinem eigenen Tod ist mir nicht bang,
nur vor dem Tod derer, die mir nah sind.
Wie soll ich leben, wenn sie nicht mehr da sind?

Allein im Leben tast ich todentlang
und lass mich willig in das Dunkel treiben.
Das Gehen schmerzt nicht halb so wie das Bleiben.

Der weiß es wohl, dem gleiches widerfuhr –
und die es trugen, mögen mir vergeben.
Bedenkt, den eigenen Tod, den stirbt man nur,
doch mit dem Tod der andren muss man leben.

Mascha Kaléko

Das endgültige Ende der Kindheit

Für viele ist der Tod der Eltern das erste Erlebnis mit dem Tod überhaupt. Die Hinterbliebenen werden schmerzhaft damit konfrontiert. Mit den Eltern wird beim Abschied auch die eigene Kindheit zu Grabe getragen und gleichzeitig alles Gute und Schöne in Erinnerung gerufen. Auch das Weniger-Schöne. Am Grab wird uns ernsthaft bewusst, dass nun ein Abschnitt unseres Lebens unwiderruflich zu Ende ist.

Der Tod der Mutter oder des Vaters bedeutet für die meisten Menschen einen gravierenden Einschnitt.

Eigentlich beginnt der Abschied auch hier schon vor dem Sterben. Plötzlich werden die Eltern alt, ihre Kräfte lassen nach. Später werden sie krank und hinfällig, so dass die Kinder sie pflegen und versorgen müssen. Ich schreibe bewusst "müssen", denn diese Aufgabe kann trotz aller Liebe zu einer Belastung werden. Ich denke da auch an Schuldgefühle, bis hin zu Hass und Wut. Es können Probleme auftreten zwischen den Geschwistern und ihren Beziehungen zueinander. Wer von uns kümmert sich um die Eltern? Wer von uns hat am meisten Zeit? Wer von uns soll seine Zeit opfern? Wir möchten doch alle gute Söhne und Töchter sein. Wir möchten doch unseren alten Eltern beistehen, sie pflegen und sie begleiten in ihrer letzten Lebensphase. Wir möchten liebevoll sein können, uns später keine Vorwürfe machen müssen, weil wir sie abgeschoben haben, ins Altersheim/Pflegeheim oder ins Krankenhaus. Wir können uns vorstellen, wie schrecklich es sein muss, Heim und Hof zu verlassen, um hospitalisiert zu werden.

Alle diese Fragen machen uns unruhig. Schwer kann der Konflikt auf uns lasten, weil wir gleichzeitig unsere Grenzen und Möglichkeiten sehen, die wir oft nicht sehen wollen. Der ohnehin knappe Freiraum, dazu Familie, Kinder und Beruf, wird mehr oder weniger eingeschränkt, wenn wir eine Betreuung übernehmen. Zu den emotionalen Problemen kommen ganz praktische Fragen. Wie soll Platz geschaffen werden für den pflegebedürftigen Vater, für die kranke Mutter? Wer soll sich um sie kümmern, wenn tagsüber alle zur Arbeit gehen? Wo ist die Liebe? Da sind Schwierigkeiten mit unseren Gefühlen voraussehbar, das Hin und Her zwischen Zuneigung und Ablehnung, von Mitgefühl und Pflichtgefühl bis hin zur Empörung. Es verwirrt uns und macht uns unsicher.

Eine liebe Freundin, die ich in ihrer langen Krankheit begleitet habe, meinte, als wir einmal vom Wiedersehen in der anderen Welt sprachen, dass sie ihrer bösen Schwiegermutter nie mehr begegnen möchte. Sie trug immer noch ganz starke Hassgefühle in sich. Das war deutlich wahrnehmbar, sobald sie von ihr sprach. Ich habe diese Gelegenheit genutzt, um darüber zu sprechen, wie wichtig es wäre, verzeihen zu können. Ich erklärte ihr, sie könne mit Sicherheit davon ausgehen, dass es ihrer Schwiegermutter jetzt – mit einem anderen Bewusstsein – sicher sehr leid tue, an ihr schuldig geworden zu sein.

Es bedurfte noch einiger Gespräche, bis diese Bekannte so weit war, bewusst verzeihen zu wollen. In diesem Fall war die Freude über ein Wiedersehen getrübt, weil die Kranke gerade Angst hatte vor der Begegnung mit einer Verstorbenen, die zu Lebzeiten eine gehasste Person war und es auch in der Erinnerung blieb – über den Tod hinaus.

Die Zerwürfnisse mit den Eltern oder Hassgefühle aus der Kindheit sind auch beim Tod der Eltern manchmal ein großes Thema. Ich habe erlebt, dass ein Sohn enorme Mühe hatte, als im Lebenslauf seiner Mutter bei der Beerdigung nur positive Seiten aufgezeigt wurden. Es hat ihn wütend gemacht, dass sie als "fürsorglich und liebevoll" beschrieben wurde, obwohl er die Mutter als streng, hart und lieblos erfahren hatte. Er kam in seelische Konflikte mit seinen Schwestern, die es bewusst so aufgeschrieben haben wollten. Ihre Logik war, es gezieme sich nicht, Toten Schlechtes nachzusagen. Diese Meinung ist weit verbreitet, und so können Todesanzeigen und Traueransprachen über die lieben Heimgegangenen ein echtes Gefühlschaos auslösen. Es kann dazu führen, dass immer dann, wenn jemand seine Beziehungen zu den Eltern ehrlich betrachten möchten, enorme Schuldgefühle entstehen, die bis in den Trauerprozess hineinreichen, ja sogar die Trauerphase belasten können.

Ich möchte dieses Thema nicht weiter verfolgen. Es ist gar nicht selten. Jorgos Canacakis, der bekannte griechische Psychologe und Trauerspezialist, den ich oft in Seminaren erlebt habe, fordert im Nachhinein zu einem Dialog mit Verstorbenen auf. In einem solchen Dialog mit der verstorbenen Person, so Canacakis weiter, können die Trauernden ihre Verzweiflung, ihren Protest, ihr erlittenes Unrecht bis hin zu Hass und Wut konkret thematisieren. Das helfe sehr für die Trauerarbeit. So können eine falsch verstandene Pietät und verdrängte Gefühle nicht krank machen. Es erübrigt sich anzusprechen, dass auch auf dem gleichen Weg Liebe, Sehnsucht, Dankbarkeit und Anerkennung ausgesprochen werden können. Beides muss Platz haben.

Solche und ähnliche Sachen kommen in einer Betreuung hin und wieder vor. Vor allem im christlichen Glauben, so habe ich es erlebt, verheißt das Versprechen des ewigen paradiesischen Lebens Freude und Hoffnung, andererseits kann die Vorstellung von Verdammnis und Fegefeuer Angst auslösen. Ich möchte ein Beispiel, das in diese Richtung zeigt, erwähnen. Hier geht es um den Begriff "Todsünde". Maria, eine erfahrene Sterbebegleiterin und Freundin, mit der ich immer noch im lebendigen Austausch stehe, erzählte mir einmal Folgendes:

Sie sei zu einer Nachtwache aufgeboten worden. Eine noch junge Frau wurde von ihrer Familie aufopfernd zu Hause gepflegt. Erst als alle, inklusive ihres Mannes, einsahen, dass die Ressourcen der Familie zu Ende gingen und alle wenigstens die Nacht zum Schlafen brauchten, wurde fremde Hilfe angenommen. Kein einfacher Schritt für alle, wie ich schon erwähnt habe.

Meine Freundin kam und wurde von der Kranken mit großer Ablehnung empfangen. Sie sagte ihr, sie brauche keine fremde Hilfe, sie solle ruhig sofort wieder gehen. Maria erzählte weiter:

„Ich habe mich nicht einschüchtern lassen und fragte ruhig, ob ich mich dann ins Nebenzimmer setzen dürfe, um da zu sein, wenn sie doch noch Hilfe benötigen würde." Das hat die Patientin akzeptiert.

Sie erzählte mir weiter, sie sei dort gesessen und habe für die schwerkranke Frau still gebetet. In diese Stille hinein miaute plötzlich unerwartet eine Katze. „Erica, du musst dir das vorstellen, auf einmal war das Tier da. Sie pendelt zwischen den beiden Räumen hin und her. Ich fing an, mit dem Tier zu sprechen, du kennst ja meine Tierliebe, und ich habe die Katze gestreichelt. Sie fing an zu schnurren. Ich spürte, instinktiv, es findet eine Kommunikation über die Katze statt. Dann, wie ein Wunder, kam von der todkranken Frau die Aufmunterung, ob ich nicht mit der Katze zu ihr kommen möchte, ich könne mich zu ihr auf die Bettkante setzen. Mit einem Schlag war die anfängliche Ablehnung weg. Ich habe mich zu ihr auf die Bettkante gesetzt, und dann war eine Zeit lang Stille. Die Katze saß zwischen uns.

Dann fing die Schwerkranke zu erzählen an. Das Eis war gebrochen. Ein sehr schwieriges Leben mit viel Leid, Schmerz und Enttäuschungen wurde mir offenbart. Ich habe ihr ergriffen zugehört, und plötzlich kam ihre ernsthafte Frage: „Was verstehen sie unter der Todsünde?" Ich bin von dieser Frage überrascht worden und habe mich zuerst sammeln müssen, bis ich antworten konnte. Dann habe ich versucht zu erklären, wie ich es sehe:

Für mich ist Sünde da, wo Gott nicht mehr in der Mitte ist. Sünde ist immer eine Beziehungsstörung der besonderen Art; letztendlich immer unglückliche Gottes- und Nächstenliebe. Die Bibel spricht von einem „zweiten Tod" in dem Sinne, dass die lebendige Beziehung zu Gott aus freiem Entschluss abgebrochen worden ist. Der Mensch, der aus freier Entscheidung in einem Abgetrenntsein von Gott, in einem „Nein" ihm gegenüber lebt und darin verharrt, der befindet sich in einem Lebenszustand, den man mit "Todsünde" bezeichnen kann. Doch Gott selbst ist und bleibt immer Liebe und Barmherzigkeit."

Es sei so schwierig gewesen, ihr zu erklären, was sie wirklich aussprechen wollte. Die Schwerkranke hätte intensiv zugehört und verständnisvoll genickt und sei dann ruhig eingeschlafen. Maria habe, als sie später nach Hause gehen konnte, ein inniges Gefühl gehabt. Diese Antwort sei für diese Frau sehr wichtig gewesen. Ihr Mann hatte sie später angerufen und ihr mitgeteilt, seine liebe Frau sei einen Tag später ruhig und friedlich hinübergegangen. Diese Begleitung hat Maria zutiefst berührt; und weil sie fand, es sei vielleicht auch für andere wichtig, hat sie mir erlaubt, darüber zu berichten.

Was für mich persönlich bemerkenswert ist: Auch hier hat ein Tier als Vermittler gewirkt. Die Katze hat als "Türöffner" fungiert. Wie bei meinem Erlebnis mit Anna. Einmal mehr wurde uns beiden klar, dass der Schöpfer uns auch Tiere als Helfer und Begleiter zur Seite gestellt hat.

Später, so erzählte Maria weiter, habe sie Zweifel bekommen, ob sie der Sterbenden auch richtig Auskunft gegeben habe. Sie fragte einen kompetenten Priester und Freund und hat folgende Auskunft erhalten: Er sehe die "Todsünde " – was immer unter diesem Begriff gemeint sei – auch so, wie sie es der Sterbenden Frau berichtet habe. Für ihn sei aber noch hinzuzufügen: Erlöst oder verziehen wird einem Menschen, wenn er sich im allerletzten Bewusstsein, das wir gar nicht mehr wahrnehmen können, von der liebenden Barmherzigkeit Gottes berühren lässt und sich Gott in die Arme wirft, mit aller Schuld. Dann kann dieser Mensch nicht im Tod verbleiben, weil er sich in das Leben Gottes hineinfallen lässt. Oder fallengelassen hat.

Der Mensch lebt und bestehet
nur eine kleine Zeit,
und alle Welt vergehet
mit ihrer Herrlichkeit.

Es ist nur einer ewig und an allen Enden
und wir in seinen Händen.

MATTHIAS CLAUDIUS

Letzte Ruhestätte

Aufbahren

Wichtig ist es, dass man weiß, es ist gestattet, den toten Körper zu Hause aufzubahren. Bei einigen Familienangehörigen entspricht es einem Bedürfnis, so persönlich und in aller Ruhe Abschied zu nehmen. Der Tibetische Buddhismus rät, eine Leiche möglichst ungestört ein paar Tage ruhen zu lassen, damit sich die Seele vollständig vom Körper lösen kann. Wenn ein Mensch in einem Krankenhaus oder Heim verstorben ist, ist es möglich, ihn im Sarg zu Hause aufzubahren. All das kann man über das Bestattungsamt veranlassen.

Das Judentum, Christentum und der Islam kennen die Auferstehung. Im Judentum ist die Unsterblichkeit allerdings ohne den Einbezug des Körpers undenkbar. So halten Juden bis heute Totenwache bei ihren Verstorbenen, nicht zuletzt auch deshalb, damit keine Leichen geraubt werden.

In diesem Zusammenhang habe ich schon während meiner Ausbildungszeit einen gewaltigen Schrecken erfahren. Eine Patientin war spät am Abend verstorben. Da wir noch zu zweit auf der Abteilung waren, beschlossen wir, die Verstorbene auf der Bahre ins nahe gelegene Aufbahrungshaus zu bringen. Das war Vorschrift für alle Patienten, die vor Mitternacht verstarben. Der Weg führte kurz durch den Spitalpark. Man sah von außen, dass im Leichenhaus ein schwaches Licht brannte. Ich habe die Türe leise aufgemacht und mich mit beiden Händen wieder an der Bahre gehalten. Hinten im Raum brannten einige Kerzen, und ein Paravent stand davor. Plötzlich hat sich hinter dem Paravent ein Körper langsam aufgerichtet. Ich bin so erschrocken, dass ich laut aufschrie und durch mein Schreien alle maßlos erschreckt habe. Wir haben beinahe die Trage mit der Verstorbenen fallengelassen. Meine Begleiterin und ich haben am ganzen Körper gezittert. Wir dachten beide, jemand sei von den Toten auferstanden. Es sah aber auch schlimm aus, als sich hinter dem Paravent ein liegender Mensch langsam aufsetzte.

Als wir uns vom Schreck erholt hatten, kam der Mann – es war ein Jude – auf uns zu und entschuldigte sich, dass er uns so einen Schrecken eingejagt habe. Er erklärte uns, er habe Totenwache bei seinem verstorbenen Bruder gehalten. Dabei sei er müde geworden und habe sich auf die Bahre neben ihn gelegt. Im tiefen Schlaf habe er Geräusche wahrgenommen und sich noch halb schlafend aufgesetzt. Er sei auch furchtbar erschrocken, als jemand so laut schrie. Er konnte sich unseren Schrecken gut vorstellen und hat sich immer wieder entschuldigt. Ich muss gestehen, ich habe mich die ganze Lehrzeit davor gedrückt, Verstorbene bei Nacht ins Aufbahrungshaus zu bringen.

Abschiedsrituale und Zeremonien

In unserem Lande sind wir im Gestalten der Abschiedsrituale sehr frei. Wenn man einen Menschen in den Tod begleitet, ergeben sich meistens Gelegenheiten, wo man darüber sprechen kann. Man darf nicht vergessen: Die Abschiedsrituale haben einen hohen Symbolwert und sind sehr wichtig für die Trauerbewältigung. Sie sind ein Sichtbarmachen des Verlustes. Das sinnliche Begreifen des Todes, das Verlusterlebnis emotional zu erleben, ist heilsam.

Heilsam kann es auch sein, wenn man den Verstorbenen mit Hilfe der Krankenschwester oder eines Pflegers waschen, einkleiden und schön schmücken darf. Es ist der letzte Liebesbeweis, den wir einem toten Vater und einer Mutter erweisen können. Ich habe es persönlich beim Tod unserer Mutter sehr schön und tröstend erlebt. Mein Bruder, der auch dabei war, sagte mir später, er habe es als einmaliges Erlebnis erfahren, wie die Krankenschwester und ich mit so viel Ehrfurcht und Liebe diese rituelle Handlung ausgeführt hätten. Es habe ihn getröstet und gestärkt, und er sei froh, dass er es ausgehalten habe und dabei bleiben konnte.

Viele Sterbende haben ihre Wünsche schon im Voraus mit den Angehörigen besprochen – und das ist auch gut so. Immer häufiger finden neben den kirchlichen auch private Bestattungen statt. Es gibt eine Anzahl von Ritualbegleitern, an die man sich wenden kann, wenn man keine kirchliche Beerdigung wünscht. Die Pfarrer und Seelsorger sind auch bereit, daran teilzunehmen, wenn die Angehörigen es wünschen.

Am gebräuchlichsten sind jedoch immer noch die Erdbestattung und die Kremation, d. h. die Urnenbestattung. Eine Erdbestattung ist nur auf einem Friedhof möglich. Bei der Urnenbestattung darf man in der Schweiz die Asche in einen Fluss, im Freien oder im Wald an der Wurzel eines Baumes verstreuen. Für Naturbestattungen gibt es einen Verein. Hier wird die Asche der Verstorbenen an der Wurzel eines neu gepflanzten Baumes eingebracht. Sie spendet ihm damit Nähr- und Aufbaustoffe. Ein solcher Baum kann sicher auch zu einem persönlichen und lebendigen Sinnbild werden. Wenn man den Abschied von einem Verstorbenen selbst in die Hand nimmt, wird der Abschied als weniger schmerzhaft empfunden.

In der letzten Zeit werden immer mehr Verstorbene im engsten Familienkreis und in aller Stille bestattet. Ich finde es nicht gut, wenn der Öffentlichkeit, Freunden und Bekannten die Möglichkeit genommen wird, gründlich Abschied zu nehmen. Man hängt dann in der Luft und weiß nicht so recht, wie man reagieren soll.

Ich habe es am eigenen Leib erfahren. Durch den plötzlichen Tod ihres Sohnes war eine Freundin von mir dermaßen geschockt, dass sie es vergessen hatte, auch mich zu informieren. Die Todesanzeige erschien am Tag nach der Bestattung in der Zeitung. Beim Lesen war ich so fassungslos, dass ich im Moment nicht wusste, wie ich reagieren sollte. Ich bin dann zu unseren Freunden hingefahren, und zusammen haben wir das frische Grab besucht. So hatte ich im Nachhinein die Gelegenheit, meine emotionale Betroffenheit zu verarbeiten.

Die Abschiedsrituale sind sehr persönlich und können sehr verschieden sein. Eine Freundin hat mir erzählt, wie sie einmal eine ganz spezielle Form einer Beerdigung erlebt hat: Hier wurde nach Wunsch der Verstorbenen die Asche dem Fluss übergeben, die Asche wurde sorgsam in den Fluss gestreut. Die Angehörigen hatten Fürbitten aufgeschrieben und Papierschiffchen daraus gebastelt, welche die Fürbitten ins fließende Wasser hinaustrugen. Es war feierlich, still und eindrücklich. Auch schwimmende Kerzen könnte man aufs Wasser legen.

Ein weiteres Beispiel:

Eine freiwillige Sterbebegleiterin erzählte uns in der Supervision, sie hätte eine besonders schöne Beerdigung erlebt. Die Freunde der Verstorbenen hatten die Urne auf einen Hügel getragen, die Verstorbene habe es sich so gewünscht. Sie hatte diesen Ort geliebt und war gerne hierher gekommen. Hier, auf diesem Hügel, ganz nahe am Himmel, hier wollte sie ihre letzte Ruhe und den Frieden finden. Die Asche sei auf ihren Wunsch verstreut worden, mit ihren schriftlichen Wünschen zur Gestaltung ihres Abschieds. Hier ein Zitat:

„Übergebt meine Asche den Elementen, die mir vertraut sind: Luft, Erde, Feuer und Wasser. Begleitet mich auf der großen Reise mit bunten Luftballons und euren persönlichen Wünschen und Anliegen." Das hatten sie dann auch getan, und es ist ein tief berührendes Erlebnis für sie gewesen. Die ganze Gruppe konnte nachempfinden, wie wunderschön eine solche persönlich gestaltete Abschiedsfeier doch sein kann.

Welche Form man auch immer wählt, es bedarf immer einer Vorbereitung. Die Abschiedsfeier sollte von einem Pfarrer, einem Freund oder Zeremonienmeister geleitet werden, der durch die Feier führen wird. Die Zeremonie muss sorgfältig mit den Angehörigen und Freunden besprochen werden. Sicher dürfen die Vorlieben der Persönlichkeit des Verstorbenen eine solche Feier bestimmen. Ich denke an seine Lebensbegleiter, wie Lieblingsmusik, Lieder, Blumen usw.

Am Schluss möchte ich einfach allen Hinterbliebenen Mut machen. Tun Sie alles Menschenmögliche, um sich des geliebten verstorbenen Menschen zu erinnern und liebevoll in einer schönen, sinnvollen Zeremonie Abschied zu nehmen.

Begleitung über den Tod hinaus

Ja, es gibt sie, die Begleitung über den Tod hinaus. Vielmals lassen Schuldgefühle die Angehörigen nicht in Ruhe. Sie denken, hätte ich doch nur…

· Hätte ich doch gewusst, dass du so bald sterben würdest. Ja dann:
· Hätte ich dir doch gesagt, wie sehr ich dich liebe.
· Hätte ich dir deine Schwächen und Fehler verziehen und nicht vorgeworfen.
· Hätte ich dich um Verzeihung gebeten für alles, was dich verletzt hat.
· Hätte ich dich nochmals ganz fest in die Arme genommen.
· Hätte ich jede Stunde mit dir genossen.

Viele Gedanken und Herzensanliegen, die man noch weitergeben möchte, kann man dem Verstorbenen in einem Brief niederschreiben. Wenn man offen und ehrlichen Herzens schreibt und seine Gefühle darlegt, kann durch diese Übung eine große Befreiung eintreten. Es verstärkt die Energie und führt zur inneren Ruhe, wenn man ein Ritual daraus macht. Zum Beispiel eine Kerze anzündet, eine oder seine Lieblingsplatte auflegt oder vorher meditiert und betet.

Menschen, die einen Suizid planen, hinterlassen oft Abschiedsbriefe. Für die Hinterbliebenen kann dies ein großer Trost sein. Fehlt er, haben die meisten Mühe. Er oder sie ist gegangen, ohne

179

Abschied. Auch hier kann ein Brief sehr helfen. Man kann diese Abschiedsworte dem Feuer oder einem Fluss übergeben. Wichtig ist der Glaube daran, dass die Worte angekommen sind und diese belastende Situation jetzt geklärt ist. Dann sollte losgelassen werden.

Sicher ist es auch hilfreich – und viele tun es spontan – sich mit dem Verstorbenen zu unterhalten. Sprechen Sie jederzeit, wenn das Bedürfnis für sie da ist; tun Sie ihre Gefühle kund, teilen Sie Ihre tiefsten Gedanken mit. Erinnerungen gehören zu den besten Vermächtnissen, die es nach dem Tod eines Menschen gibt. Die sind immer da, und niemand kann sie nehmen. Erinnerungen sind ein kostbares Gut, und statt sie zu ignorieren, weil sie schmerzen, kann es sehr hilfreich sein, wenn man Menschen sucht, mit denen man sie teilen kann. Die Trauerbegleitung ist so unterschiedlich wie das Sterben auch. Jeder Mensch hat seine eigene Trauer, so wie jeder Mensch seinen eigenen Tod stirbt.

Wenn ich hier noch etwas über die Trauer sagen möchte, so ist es die Erinnerung an meine Erfahrungen mit Verlust und Trauer: Die erste Erinnerung stammt aus meiner Kindheit. Ich erinnere mich, als mein lieber Papa starb. Uns Kindern wurde erklärt, er sei jetzt im Himmel und schaue auf seine Kinder herab. Wir könnten Papa immer noch lieb haben, er sehe und höre alles. Für mich, als zehnjähriges Mädchen, war es sehr traurig. Papa starb Ende November, es war sehr kalt und die Erde schon gefroren. Ich habe manche Nacht geweint, weil ich mir vorgestellt habe, wie es jetzt so kalt wäre im Grab, und dass Papa auf dem Friedhof frieren würde. Für mich war Papa nicht nur im Himmel. Er lag alleine im kalten Grab, ich habe es ja mit eigenen Augen gesehen…

Hätte man schon damals mit einem Kind so sprechen können, wie spirituelle Eltern es heute tun, wäre auch meine Trauer weniger schlimm gewesen. Heute würde ich mit einem Kind so sprechen: „Weißt du, Ericali, Papa liegt nicht im kalten Grab. Was da liegt, ist nur seine Kleidung, die er abgelegt hat, weil er sie nicht mehr braucht. Papa ist mit einem neuen Kleid beim lieben Gott im Himmel. Wenn wir an seinem Grab traurig sind, ist es darum, weil wir Papa so gesehen und gekannt haben; und weil dieser Körper, der in der Erde liegt, der Teil war, den wir berühren und anfassen konnten. Hier, an seinem Grab, kannst du von ihm Abschied nehmen und traurig sein. Aber weißt du, es geht ihm jetzt gut beim lieben Gott, und du kannst immer mit ihm verbunden sein, nicht nur am Grab. Und glaube, mein Kind, im Himmel werden wir uns alle einmal wiedersehen."

Die zweite Erinnerung zeigt auf, wie schwierig es ist, wenn man nicht Abschied nehmen kann. Als ich bei unserem dritten Kind eine Totgeburt durchleben musste, haben mein Mann und ich ganz schmerzhaft erfahren müssen, dass ein totes Kind, wenn es in dieser Welt keinen Atemzug gemacht hat, nur als Ware existiert. Ja, so habe ich es leider vor dreißig Jahren erfahren.

Als unser Töchterchen Sabina geboren war, hatte man es sofort in eine Schale gelegt, zugedeckt und fortgebracht. Ich musste mich wehren, dass ich noch schnell einen Blick auf unser Kind werfen konnte. Mein Mann konnte den Anblick nicht ertragen, er ist kurz hinausgegangen.

Es war für mich im Nachhinein sehr schmerzvoll, dass unser Kind anonym in einen Sarg gelegt und so beerdigt wurde. Irgendwo, von irgendjemandem. Von den Ärzten wurde uns damals so geraten, es war zu dieser Zeit so üblich. Wir waren von der Situation total überfordert und haben jeden Rat befolgt. Besonders schmerzhaft war vor allem für mich, dass ich von meinem Kind nicht Abschied nehmen durfte – es wurde wie eine Ware unmittelbar entsorgt. Im Familienbüchlein fehlte sogar der Eintrag, dass eine Totgeburt erfolgt war. Zum Glück hatten wir in dieser schweren Zeit Unterstützung durch die Familie; und unser Glaube hat uns getragen. Mein Mann hat mir mental so gut geholfen, wie er selber nur konnte; und sicher waren unsere älteren Mädchen auch ein Trost. Diese Kinder haben uns ins Bewusstsein gebracht, dass gesunde Kinder ein Geschenk Gottes sind. Es ist nicht selbstverständlich, dass bei einer Geburt alles normal verläuft.

Wenn ich dieses traurige Erlebnis hier erwähne, dann nur deshalb, um aufzuzeigen, wie ein verhinderter Abschied sehr schmerzen kann. Meine tiefen Wunden, die ich mit mir tapfer herumgetragen habe, wurden erst geheilt, als ich Chantal, unser erstes Enkelkind, in den Armen wiegen durfte.

Heute, dreißig Jahre später, wird den Eltern ein Abschied ermöglicht. Man hat erkannt, wie wichtig es ist. Ein totgeborenes Kind wird heute gewaschen, gekleidet und der Mutter in die Arme gelegt. Es wird fotografiert, im Gebärsaal werden Kerzen angezündet, die Eltern können in Ruhe und Geborgenheit Abschied nehmen. Ein totes Kind schaut aus wie ein schlafendes Engelchen. Es ist auch so noch sehr traurig, doch die Erinnerung ist etwas weniger schmerzhaft.

Trost

Bitte glaube mir:

Wenn wir einander einst begegnen,
dann werden wir in Liebe segnen.
Die Wege, Werke und die Schritte,
die wir gemeinsam einst durchlitten.

Wir werden lachen, tanzen, singen
und voller Freude Dank darbringen.

Denn niemals sind wir wirklich tot.
Vereint sind wir und froh in Gott.
Was auch geschieht, ich glaub und weiß:
Wir sind auf ewig Gottes Geist.

Begleitung von Stefan

(Am Totenbett von Stefan Jankovich gebetet, aus dem Buch „Kontakte mit dem Licht". – Stefan, du hast es selber geschrieben…)

Gott

Ich bin eins mit dem himmlischen Vater.
Ich bin das Erzeugnis des himmlischen Vaters.
Weil mein Gesicht nach oben gerichtet ist,
sehe ich die Welt anders:
sehe sie durch die Augen des himmlischen Vaters.

Ich begreife durch mein verändertes Ich,
dass ich wirklich ein Teil von Ihm bin.
Ich weiß: Der Vater und ich sind eins.
Und... mein Vater und meine Mutter – wir sind eins.

Diese Einheit strebe ich in Zukunft immer an.

(Deine Worte)

Diese Einheit hast Du nun erreicht.
Jetzt ist immer Licht in Dir, und dort, wo Licht ist,
kann keine Finsternis sein...
Wir beten.
Die Gnade Gottes ströme unaufhörlich zu Dir.
Das ewige Licht leuchte Dir.
Sei im ewigen Frieden.
So sei es.
Amen.

Gott, hilf den lieben Angehörigen, ihr Leid zu tragen, und lasse sie nicht in Traurigkeit versinken. Möge Stefans bewusster Umgang mit Sterben und Tod alle trösten.
Mögen alle seine Werke, Bücher und Meditationen den Menschen helfen, seinen Heimgang anzunehmen.
Möge der Geist von Stefan noch lange in uns weiterleben.

Gott ruft immer ins Leben.
Ob wir geboren werden.
Oder ob wir sterben.

Hilfe für verlorene Seelen

Wenn ich dieses für mich wichtige Kapitel noch erwähnen möchte, so deshalb, weil ich sicher bin, dass es sie gibt, die verlorenen Seelen, und dass sie unserer Hilfe bedürfen. Manchmal findet eine Seele nicht sofort den Weg ins Licht. Sie klammert sich an ihr vergangenes Leben, an ihre Familie oder an ihren Besitz. Sie sucht ihren Körper und erkennt nicht, dass sie gestorben ist. Sie kann sich nicht mehr orientieren und versucht vergeblich, sich bemerkbar zu machen. Weil sie von den Menschen nicht bemerkt wird, ist sie sehr unglücklich. Wie kann es passieren, dass ein Mensch nicht merkt, wenn er gestorben ist? Das kann eintreten, wenn der/die verstorbene Person überzeugt war, dass nach ihrem Tod alles zu Ende ist. Wenn sie glaubte, dass man nur funktionieren kann, wenn ein Körper da ist. Sie kann nicht fassen, dass sie gestorben sein soll. Sie ist ja noch existent. Ihr Bewusstsein hat bis dahin noch nichts vom geistigen Gesetz, vom Leben nach dem Tod und von den feinstofflichen Wirklichkeiten begreifen können.

In diesem Zustand kann es vorkommen, dass die „arme Seele" verzweifelt auf der Erde herumirrt. Meistens halten sich diese Seelen in ihrem früheren Haus oder in der Nähe ihres Sterbeortes auf. Man kann durch das Gebet bewirken, dass die göttliche Gnade und sein Licht diese Seelen durchdringen und sie so aufgenommen werden ins ewige Leben. Die Gebete der christlichen Kirchen, die heute noch so gesprochen werden, drücken diese Bitten aus. „Herr, gib den armen Seelen die ewige Ruhe, und das ewige Licht leuchte ihnen. Herr, lasse sie ruhen in Frieden." Es gibt Kirchen und Klöster, die sich speziell im Gebet mit den *verlorenen Seelen* befassen und Erlösungsarbeit leisten.

Ich habe Kenntnis von Gruppen, die diese spirituelle Erlösungsarbeit tun. Man trifft sich in einem Kreis oder in einer Gruppe. Nun wird zusammen meditiert und gebetet. Dazu lädt man die *verlorenen Seelen* ein und bittet in dieser Gemeinschaft darum, dass sie und alle noch erdgebundenen Wesen einen göttlichen Lichtstrahl erhalten, damit sie in ihrer Dunkelheit erkennen mögen, dass sie sich dem Licht zuwenden sollen.

Natürlich geht keine Seele verloren. Früher oder später findet jede Seele den Weg zurück ins Licht. Aber es ist oft ein schmerzlicher und langer Weg bis dahin, und solche Gebete und Bitten können den Prozess beschleunigen. In Krankenhäusern, Kliniken und Heimen, wo viele Menschen sterben, macht es Sinn, für die frisch Verstorbenen zu beten und zu bitten – ist es doch der Ort, wo viele Menschen schon gestorben sind und noch sterben werden.

Im Kantonsspital Schaffhausen findet alle vierzehn Tage eine Meditation statt, zu der man sich im Raum der Stille trifft. Ich bin glücklich darüber, dass die Leiterin und die anderen Teilnehmer sich bereit erklärt haben, in dieser Stille auch der „verlorenen Seelen" zu gedenken und für sie diese Erlösungsarbeit zu leisten.

Gebet für die armen Seelen

Gott, in Demut beuge ich mich vor Dir.
Und bitte Dich, erbarm' Dich aller Wesen,
die körperlos und in der Dunkelheit
sich vor Dir fürchten.
Herr, ich vertraue Dir und bitte Dich,
verwandle Du durch Deine Gnade
der armen Seelen Angst in Hoffnung,
ihr Misstrauen in Vertrauen,
ihre Dunkelheit in Licht.
Befreie sie von der Anziehungskraft der Erde.
Zeige ihnen Dein Reich.
Nimm sie auf in Deinen Segen,
in Dein ewiges Leben.
Amen.

Meine mediale Ausbildung

Begonnen hat alles damit, dass ich wegen akuter Rückenschmerzen nicht mehr so effektiv und voller Tatendrang sein konnte, wie ich es eigentlich wollte. Sehr starke Rückenschmerzen und Bandscheibenprobleme – im Beruf als Krankenschwester – haben mich später meine eigenen Grenzen schmerzhaft spüren lassen. In dieser Zeit der gesundheitlich erzwungenen Ruhe habe ich sensitive Erfahrungen machen dürfen. Ich hatte plötzlich Zeit für mich alleine; der Weg zu den feinstofflichen Welten hat sich für mich aufgetan. Meine Familie – und besonders mein Mann – hat viel in alltäglichen, praktischen Sachen dazu beigetragen, dass es mir mit der Zeit besser ging. Ohne seine Hilfe, speziell als ich auch noch operiert werden musste, wäre alles viel komplizierter gewesen.

Trotz verschiedener Therapien und meinem Berufswechsel von der Teilzeit-Krankenschwester zur Stationssekretärin musste ich immer wieder Schmerzmittel einnehmen. In Heinz Sonderegger durfte ich nicht nur einen kompetenten Heiler erleben – in ihm durfte ich auch meinen spirituellen Lehrer erkennen. Durch seine Handauflegung spürte ich unmittelbar die feinstofflichen Heilströme und die Kraft, die durch ihn in meinen Körper geleitet wurden: Meine Schmerzen wurden von Mal zu Mal weniger. Mit diesen immer wiederholten notwendigen Behandlungen durch heilende Hände von Heinz – als meinem Freund und Helfer – wurden bei mir viele Blockaden gelöst, mein Mentalkörper geheilt, meine sensitive Veranlagung erheblich gestärkt und meine Spiritualität gefördert.

Jetzt – durch diese heilsame Erfahrung in meinem eigenen Körper – war mein Interesse für alles Spirituelle, für Geistiges Heilen, geweckt. Ich habe angefangen, Kurse und Seminare zu besuchen und mit der Zeit viel Wertvolles dabei gelernt. Im Nachhinein habe ich dankbar erkennen können, dass meine schmerzhafte Erfahrung einer ernsthaften Erkrankung, die für meine Zukunft doch eine große Rolle gespielt hat, durchaus einen Sinn hatte: Ich habe die Krankheit als „Weg" erfahren. Erst dann, als ich durch Schmerzen selber im äußeren Leben so stark gebremst wurde, habe ich meinen inneren Reichtum gefunden.

Einige tiefgreifende Erfahrungen möchte ich hier kurz erwähnen:

Rückführung bei Renée Bonanomi

Beim Nach-Erleben meiner Geburt spürte ich ganz stark einen Druck und Widerstand in meinem Inneren: Ich wollte hinaus! Aber meine Mutter wollte nicht. Ich musste einen enormen Widerstand durchbrechen – es war ein großer Kampf für mich, mit viel Mühe und enormer Anstrengung verbunden. Als ich es dann – doch – endlich geschafft hatte, war es sehr kalt draußen. Ich fühlte mich trotzdem frei, ungebunden und – alles war so voll Licht. Dieses Gefühl konnte ich aber nicht lange erfahren; sofort wurde ich geschnürt und eingepackt.

Als ich nach der Rückführung wieder zu Hause war, wollte ich von meiner Mutter erfahren, wie es denn eigentlich genau war – bei der Geburt. Ich habe ihr erzählt, was ich dabei empfunden habe. Sie war sehr erstaunt und wollte unbedingt wissen, woher ich das alles wüsste. Meine Mutter erzählte mir, dass sie vor Weihnachten gestürzt sei, eine nicht gewollte Blutung hätte eingesetzt. Der Arzt hätte verordnet, dass sie jetzt eine Zeit lang liegen müsste, das Kind sollte noch nicht geboren werden – dazu wäre es zu früh (Geburtstermin war Anfang März). Doch ich musste wohl früher zur Welt kommen, an Silvester war es geschafft – als Frühgeburt mit einem Gewicht von 1500 g!

Meine Überlebenschancen wurden als schlecht eingestuft. Es war Krieg, und im Krankenhaus gab es keine Isolette. Sie hätten mich – so erzählte Mama weiter – in Watte eingepackt und auf den Ofen gestellt. Ich war zu schwach zum Saugen, zu trinken gab man mir mit einer winzigen Pipette. Ich habe es überlebt, wie dieses Buch belegt.

Eine andere prägende Erfahrung war mein Erlebnis mit der „Erde". Erde war für mich bis dahin nur – Dreck. Erde fand ich nur dann schön, wenn etwas Neues darauf wuchs. Ein Feld, brach, frisch umgepflügt, mit Erdschollen, hat mich nie angesprochen. In dieser Zeit war ich auch immer schlecht geerdet, meine Lebensenergie habe ich aus der Luft geholt. Viel und gerne habe ich zum Himmel, zu den Sternen geschaut, die ziehenden Wolken haben mich fasziniert.

Erde war schwer für mich. Zu diesen Zeiten steckte ich manchmal im Dreck, es gefiel mir gar nicht. Ich wollte immer wieder hinaus – möglichst schnell – und ans Licht! Am liebsten stand ich auch auf einem Berg, damit ich mich frei fühlen durfte und alles überblicken konnte.

Und nun, als wir an jenem Samstag mit Renée über die Felder schritten, faszinierte mich die Erde auf einmal – und zwar die brachliegende Erde. Ich habe mich auf die Erde gelegt, auf ein frisch geackertes Feld. Die Spuren, die Rillen, der Geruch der Erde habe ich zum ersten Mal in meinem Leben ganz tief wahrgenommen. Da war plötzlich kein Dreck mehr. Das war doch die „Mutter Erde", das nährende Element, das bergende, schützende Mütterliche; genau das, was mir Halt gibt.

Auf der Erde liegend, habe ich auch geistige Samen gesät. Mir wurde bewusst, dass die Samen in die Erde müssen, damit sie wachsen und gedeihen können. Nur so ist Entwicklung möglich. Ich konnte mir plötzlich vorstellen, selber ein solcher Samen zu sein. Auch ich muss manchmal ins Dunkle, in die Erde, damit Entwicklung möglich ist. Ich schaue mir die dunklen Seiten an und wachse durch die Verarbeitung, d. h. durch Bewusstwerdung, und komme schließlich gestärkt ins Licht. Auf einmal kann ich mir vorstellen, auch im Dunklen, in der Erde, geborgen zu sein. Ich komme dabei mit meinen Wurzeln in Kontakt und begegne dem mütterlichen, nährenden Teil in mir. Ich entwickle Urvertrauen und spüre die große Liebe der Mutter Erde.

Einen weiteren Entwicklungsschritt, den ich hier erwähnen möchte, haben die Seminare mit Stefan von Jankovich ausgelöst. In seinem Forum *Homo Harmonicus* habe ich meinen ersten Vortrag halten dürfen. Stefan hat mir Mut gemacht, selber Seminare in der Sterbebegleitung anzubieten. Zu den Höhepunkten mit ihm zählten die Wochenend-Seminare in Einsiedeln. „Begegne Gott in dir" war das Thema. Fasten, meditieren, beten, Vorträgen von Stefan zuhören und totales Stillschweigen waren eine Wohltat für Leib und Seele. In diesen wundervollen Energien ist auch die Kreuzweg-Betrachtungs-Meditation entstanden.

Vor fünf Jahren war ich mit meiner Erfahrung so weit, dass ich in die Gruppe von Franz und Esther Lichtenecker aufgenommen wurde, die eine Ausbildung in Geistiger Entfaltung und medialer Entwicklung anbieten. Diese Gruppe in Zürich besuche ich immer noch. Das ist das Wertvollste für mich, was ich erfahren durfte; dort fühle ich mich geborgen, wie „zu Hause" angekommen. Ein großer Dank geht an Franz und Esther Lichtenecker.

Alle diese Stationen haben mich dahin geführt, wo ich heute stehe und wirke.

Mediale Botschaften

In vielen Beispielen habe ich aufgezeigt, wie ich die andere Wirklichkeit erfahren durfte. Ich nenne sie Jenseits. Jenseits der Schwelle, Jenseits des Stromes – wie immer man es bezeichnen möchte.

Es gibt Menschen, die ihre Medialität in dieses Leben mitbringen oder sie schulen und sich dann zur Verfügung stellen, Botschaften aus dem Jenseits zu übermitteln. Diese Menschen sind als Medien tätig. Diese Fähigkeit besitzen einige Menschen schon von Geburt an, sie ist eine Gabe Gottes. Dazu gehören auch Hellsehen, Hellhören und Hellfühlen. Die Antworten, die solche Medien erhalten, kommen aus der Quelle oder, wie in meinem Beispiel, von Verstorbenen. Ich bin nicht kompetent genug, diese komplizierten Zusammenhänge zu erklären. Ich kann nur weitergeben, was ich erlebt habe.

Bei Christoph Bürer habe ich Einblick in diese Arbeit erhalten. Die medialen Sitzungen waren für mich sehr interessant und aufschlussreich. Seine Aussagen haben sich immer erfüllt und bewahrheitet. Von einer solchen medialen Sitzung möchte ich berichten, weil sie mit der Geschichte von Anna zu tun hat. Während einer Sitzung teilte mir Christoph mit, eine junge Frau mit dunklen Haaren, groß und schlank, sei gekommen, um sich bei mir zu bedanken. Ich hätte sie ganz gut bei ihrem Übergang begleitet. Sie habe eine rote Lotosblüte in der Hand und möchte mich um etwas bitten.

Zuerst musste ich einige Zeit nachdenken. Es war nicht das erste Mal, dass sich liebe Verstorbene, die ich begleitet hatte, über ihn bei mir bedankten. Diesmal erkannte ich bald, dass es nur Anna sein konnte. Ich habe ihre Energie wahrgenommen. Sie bat mich darum, ihren Eltern einen Gruß zu übermitteln, diese rote Blume zu bringen und mitzuteilen, es gehe ihr sehr gut in der geistigen Welt; und sie sollten nicht mehr traurig sein.

Weiter sprach sie durch das Medium, jemand in ihrer Familie habe Geburtstag, und ich solle an ihrer Stelle gratulieren und ihm diese Blume überreichen. Christoph teilte mir mit, sie spreche zu ihm auch von einem Todesfall in der Familie. Es sei alles gut so. Er/sie werde in der geistigen Welt erwartet. Neben Anna stand noch ein großer schwarzer Hund. Vom Medium wurde mir sein Aussehen genau beschrieben. So lautete die Botschaft.

Die Sitzung war beendet, und ich kehrte mit diesem Auftrag nach Hause zurück. Was mache ich jetzt damit? Viele Fragen beschäftigten mich. Kann ich jetzt einfach zu diesen Leuten gehen und den Gruß ausrichten? Von jemandem, der tot ist? Soll ich eine Blume mitbringen und zum Geburtstag gratulieren? Hat denn überhaupt jemand Geburtstag? Wie reagieren die Eltern, wenn ich einfach komme und einen Gruß ausrichte – von ihrer verstorbenen Tochter? Mache ich mich dabei lächerlich? Verstehen mich die Eltern überhaupt? Wo stehen sie spirituell? Glauben sie an ein Weiterleben nach dem Tod? Das alles war nicht einfach für mich. Ich wurde hin- und hergerissen; soll ich hingehen oder soll ich nicht?

Einmal mehr habe ich die Engel um Hilfe gebeten. Inständig bat ich sie darum, mir zu helfen. Etwa so: „Wenn ihr schon wollt, dass ich diese Aufgabe übernehme, so gebt mir bitte die richtigen Worte ein, damit ich von den Eltern auch verstanden werde. Ich vertraue darauf, dass ihr mir helft. Vielen Dank für alles."

Nach dieser Forderung – man kann sie auch Gebet nennen – wurde ich ruhiger. Ich wusste plötzlich, was zu tun war. Ich habe meinen ganzen Mut zusammengenommen und ging die Sache an. Es war vier Tage nach der empfangenen Botschaft. Zuerst habe ich im Blumengeschäft einen schönen Weihnachtsstern gekauft. Die Blume war rot, und eine Lotosblüte hätte ich sowieso nirgends gekriegt. Alle Energie, die ich so zusammenraffte, gab mir den Mut, zielbewusst und unerschrocken diese Aufgabe anzugehen.

Mit gemischten Gefühlen bin ich zu den Eltern hingefahren. Der Vater machte mir die Türe auf und war sichtlich erfreut, mich zu sehen. Er sprach: „Das ist aber nett, dass Sie uns wieder einmal besuchen. Kommen Sie doch herein." Ich antwortete ganz spontan: „Wissen Sie, ich bringe euch liebe Grüße von Anna, es geht ihr gut." Er reagierte perplex und sprach: „Kommen Sie zu uns ins Wohnzimmer, das müssen Sie uns näher erklären." Inzwischen war auch seine Frau dazugekommen.

Ich fing an zu erzählen. „Wissen Sie, ich hatte eine mediale Beratung. Da hat sich Anna gemeldet und mir den Auftrag erteilt, ich solle mich bei euch melden und zum Geburtstag gratulieren. Ich weiß jedoch nicht, wer Geburtstag hat; doch diese Blumen sind für das Geburtstagskind." Ein betretenes Schweigen folgte. Mit Tränen in den Augen sprach der Vater: „Sie sind für mich. Ich feierte gestern meinen 75. Geburtstag." Mir wurde etwas wohler zu Mute. Die erste Botschaft angekommen.

Ich erzählte weiter: „Anna teilte weiter mit, es würde jemand in der Familie bald sterben, und es sei gut so. Er werde erwartet." Die Mutter meldete sich nun zu Wort. „Ja, das ist schon geschehen: Der Großvater von unserem Großkind ist vorgestern gestorben. Es ist ihm gut gegangen." Ich wurde nun immer mutiger und beschrieb auch den schwarzen Hund, der Anna begleitete. „Ja, das ist doch Barry, ihr Lieblingshund. Es war ein großes Drama für Anna, als er starb. Er liegt in unserem Garten begraben", sprach Frau M. Ich erzählte noch, dass Anna gesagt habe, sie sollten doch nicht so traurig sein. Es gehe ihr jetzt sehr gut.

Bei diesem Gespräch flossen viele Tränen. Ich war tief im Herzen berührt und dankbar, dass die Botschaft so gut angekommen war. Ich musste natürlich noch viele Fragen beantworten und erklären, wie so etwas möglich sei, und so weiter. Am Schluss unseres Gespräches habe ich Herrn M. gefragt: „Darf ich Sie jetzt um eine ehrliche Antwort bitten? Sie ist sehr wichtig für mich. – Wie hat diese Botschaft auf euch gewirkt? Könnt ihr annehmen, dass sie von Anna stammt, oder haltet ihr mich für verrückt?" Der Vater antwortete sofort: „Wissen Sie, Schwester Erica, wir sind so froh, dass Sie den Mut aufbrachten, uns darüber zu berichten. Es macht uns immer noch traurig, dass unsere Tochter nicht mehr da ist, doch jetzt sind wir glücklich, dass es ihr gut geht." Weiter sprach Herr M.: „Wir glauben Ihnen, Sie haben diese Nachrichten so ruhig und so selbstverständlich übermittelt, dass man glauben könnte, Sie haben Anna beim Einkaufen getroffen."

Somit war meine schwierige Mission zu Ende. Ich habe am Abend meinen Schutzengeln gedankt. Durch ihr Wirken war es mir möglich, eine Sprache zu finden, welche die trauernden Angehörigen verstehen konnten.

Ich treffe die Eltern gelegentlich in der Stadt. Sie sind sehr freundlich und bedanken sich noch immer für meine Hilfe. Seither haben wir nicht mehr über die Geburtstagsgrüße gesprochen. Bei jeder Begegnung spüre ich, es ist für alle etwas fast Heiliges, das man im Herzen bewahrt und nicht bei einem flüchtigen Wiedersehen auffrischen kann. Ich spüre auch deutlich, wie liebevoll sie berührt sind, wenn sie mir begegnen. Das ist für mich das größte Geschenk.

Mein Weg, der mich durchs Berufsleben führte und mir so viele schöne Erfahrungen brachte, ist vor zwei Jahren zu Ende gegangen. Nicht zu Ende gehen werden meine Begegnungen mit Schwerkranken und Sterbenden. Ich werde weiterhin im Kantonsspital Sterbebegleitungen machen. Ich werde auch weiterhin Kurse und Seminare abhalten und dabei vielen Menschen begegnen, die die Bereitschaft aufbringen, sich diesen Themen zu stellen.

Für mich haben Leben und Tod Ähnlichkeiten: Mit der Geburt trete ich ins Leben ein und mit dem Tod kehre ich ins ewige Leben zurück. Manchmal betrachte ich mich als spirituelle Hebamme, als Geburtshelferin auf dem Weg vom Leben durch den Tod – ins ewige Leben. Wie die Hebammen, möchte ich bereit sein für jede Geburt, ob sie gut und freudvoll verläuft oder schwierig und peinvoll. Es schließt sich für mich ein Kreis. Ich erinnere mich, dass ich schon als Kind immer Hebamme werden wollte. Als es dann um die Verwirklichung meines Berufswunsches ging, hatte mir die Schwester Oberin vom Krankenhaus Walenstadt geraten, ich solle doch ihre Schule in Zürich besuchen und zuerst Krankenschwester werden, Hebamme könne ich später immer noch dazulernen. So bin ich Krankenschwester geworden. Und wie es so kommen musste, hatte ich schon während meiner Lehrzeit die Möglichkeit, Hebamme sein zu dürfen: Bruno wurde geboren.

● ●

Ich habe auf meinem Weg erkannt, dass es meine Berufung ist, Menschen, vor allem Kranke und Sterbende, zu begleiten. Das Begleiten der Menschen auf ihrer letzten Wegstrecke, dann, wenn der Weg zur Vollendung führt, ist für mich eine der schönsten und bereicherndsten Aufgaben.

Die Illusion vom Tod

Durch meine vielen Erfahrungen bei der Begleitung Sterbender wurde mir gezeigt, und – es ist mir zur inneren Gewissheit geworden –, dass es den Tod als solchen gar nicht gibt. Er ist eine Illusion. Wie ich schon erwähnt habe, löst sich die Seele vom Körper, tritt aus und geht den Weg ins Licht. Das Erdenkleid wird abgelegt; so wie in der Natur findet eine Transformation statt. Der physische Körper, die materielle Substanz, wird ins Grab gelegt. Die – und nur die – liegt dort begraben oder wird verbrannt.

Was mit der Seele geschieht, was sie alles auf dem Weg heim ins Licht erlebt, wird in verschiedenen Religionen und Büchern dargestellt. Für mich ist und bleibt der Tod ein Mysterium. Ich glaube, dass jede Seele ihre Zeit hat und dann zurückkehrt, wenn es für sie Zeit ist. Ich bin mir jedoch sicher und glaube fest daran, dass wir bei unserem Umwandlungsprozess Hilfe erfahren. Das Bewusstsein bleibt noch einige Zeit beim toten Körper und kann wahrgenommen werden. Der Körper aber, den ein Verstorbener beim Tod verlassen hat, hat noch einige Zeit eine starke Anziehung zum Materiellen, zum Irdischen hin. Deshalb sind in vielen Religionen die drei Tage erwähnt, die man warten soll, bis der Körper verbrannt oder beerdigt wird.

Ich vermute, es ist falsch zu glauben, mit dem Verlassen des Körpers treten wir sofort ins „Paradies" ein. In unserer Seele sind zu diesem Zeitpunkt noch viele irdische Eigenschaften verhaftet. Auf

dem Weg ins Licht müssen wir erst lernen, den „himmlischen"
Bewusstseinszustand zu erreichen. Zum Glück haben wir schon
auf Erden die Gelegenheit dazu. Wir haben das ganze Leben die
Möglichkeit, den göttlichen Aspekt in uns hervorzubringen. Das
heißt für mich: In Seiner Liebe leben. ER sprach die Worte:

„ICH BIN DER WEG, DIE WAHRHEIT UND DAS LEBEN."

Wenn wir seine Worte befolgen, glaube ich, ist unser Weg klar
und deutlich. Er ist Gebet, Verehrung und gelebte Liebe.

Hilfe und Hoffnung
bei einem plötzlichen Todesfall

Kann man seinen Tod vorausahnen? Gibt es Vorahnungen? Ich
glaube, es gibt sie. Zahlreiche Eltern haben solche Vorahnungen
ihrer Kinder dokumentiert.

Dr. Elisabeth Kübler-Ross ist davon überzeugt, dass jedes Kind
eine Vorahnung hat und diese Kinder eine Botschaft hinterlassen, aus der rückblickend abzulesen ist, dass sie intuitiv wussten,
dass ihr Leben bald zu Ende sein wird. Haben sie deshalb tief im
Inneren ein Bewusstsein für das Wesentliche im Leben? Möchten sie ihr kurzes Leben optimal leben? Hatte auch Peter eine
Vorahnung?

Die folgende Geschichte, die mir die Eltern von Peter anvertraut haben, deutet an, dass dieser Knabe etwas geahnt hat. Seine
Zeichnung, die Art und Weise, wie er sein kurzes Leben lebte,
und auch sein plötzlicher Tod deuten darauf hin. Am Anfang,
nach dem schrecklichen Unglück, und in den schweren Stunden

des Abschieds hat niemand dieser Zeichnung die Bedeutung zugedacht, die sie später erhalten sollte.

Die Himmelsleiter

Seine Mutter berichtete mir: „Peter hatte mit sechzehn Jahren einen Traktorunfall. Er wurde eingeklemmt und war auf der Stelle tot. Niemand traf eine Schuld. Ich hörte die Sirene der Feuerwehr und wusste augenblicklich, da ist etwas Schlimmes mit Peter passiert. Ich bin sofort an die nahe gelegene Unfallstelle geeilt. Da lag mein jüngster Sohn am Boden – tot. Ein schwer fassbarer Schock. Eine totale Katastrophe, auch für den Vater und die beiden älteren Geschwister, die sofort benachrichtigt wurden und zur Unfallstelle eilten. Es war im Moment unfassbar für alle. Peter ging doch eben noch gesund und fröhlich aus dem Elternhaus. Seine letzten Worte waren: „Tschüss Mami, sag Papi einen lieben Gruß.“

Und nun lag er regungslos vor uns. Schön hingelegt auf dem Feld, auf seiner Heimaterde, auf unserem Boden, den er mit viel Liebe zusammen mit Papa bewirtschaftet hatte. Ich konnte ihn in meinem Schmerz nochmals in die Arme schließen und so richtig Abschied nehmen. Von außen waren seine schweren Verletzungen nicht sichtbar. Es war so furchtbar traurig, aber auch tröstlich, wie wir alle, jeder auf seine Art, an der Unfallstelle Abschied nehmen konnten. Erst als alle bereit waren, hat die Polizei den Knaben weggebracht.“ Die Mutter und der Vater betonten bei unserem Gespräch, dieser Abschied sei für alle außerordentlich wichtig gewesen.

Ich glaube, der Verlust eines Kindes gehört zu den schrecklichsten und grausamsten Erfahrungen, die Eltern treffen können.

In ihrem Schmerz möchten viele Mütter und Väter am liebsten auch sterben, nur um bei ihrem Kind sein zu können. Wenn noch andere Kinder da sind, helfen diese sicher mit, den Verlust etwas besser tragen zu können. Doch sie können nie ein Ersatz für das verstorbene Familienmitglied sein. Das Liebste, was man hatte, ist plötzlich nicht mehr da. So hat auch Peter eine schmerzliche Lücke hinterlassen.

Viele Eltern, die ein Kind verloren haben, erliegen der Versuchung, das Kind auf einen Sockel zu stellen. Man erkennt nur noch die positiven Eigenschaften. Die meisten Eltern sind sich dieser Gefahr bewusst und versuchen dagegen anzukämpfen.

Peter war ein liebes, fröhliches Kind und sehr empfindsam. Er hatte Freude an der Natur und an den Tieren. Er war bei allen Klassenkameraden und im Turnverein sehr beliebt. Peter hatte sein Leben sehr vital und aktiv gelebt Er wollte auch Landwirt werden, wie sein Vater. Peter war mit Leib und Seele dabei, wenn es auf dem Hof und im Stall etwas zu tun gab. Auffallend war seine Hilfsbereitschaft. Er war gewissenhaft und konnte gut mit den Tieren und dem Traktor umgehen. Mithelfen und mit seiner Familie zusammen zu sein, hat ihm mehr bedeutet, als mit Freunden Fußball zu spielen. Ahnte er tief in sich, dass ihm wenig Zeit blieb, mit seinen Lieben zusammen zu sein?

Was mich beim Gespräch mit den Eltern berührt hat, ist die Art und Weise, wie sie diesen schweren Schicksalsschlag angenommen und verarbeitet haben. Da war keine Verbitterung zu spüren. Die harte Prüfung wurde als von Gott gewollt akzeptiert. Die tiefe religiöse Grundhaltung der Eltern habe ich im Gespräch gespürt, und sie hat mich beeindruckt. Ihr Glaube hat die ganze Familie in dieser schweren Zeit gestärkt und getragen. Die Mutter hat mir erzählt, sie habe schon an der Unfallstelle gedacht, zum Glück konnte Peter sterben und musste nicht mehr lange mit seinen schweren Verletzungen leiden.

Ich möchte mich nun Peters Zeichnung zuwenden: Sie wurde mir von seiner Tante Susanne zugesandt. Susanne ist auch eine freiwillige Helferin in der Vereinigung zur Begleitung Schwerkranker und Sterbender und hat viel Erfahrung auf diesem Gebiet. Ihr wurde die Zeichnung von ihrem Patenkind überreicht, und sie hat als Erste erkannt, dass diese Zeichnung ein Vermächtnis von Peter ist.

Peters Zeichnung

Der erste Eindruck ist ein fröhliches, farbenfrohes und buntes Bild. Auf der rechten Seite ist mit kräftigen Farben ein breiter

Fluss dargestellt. Man kann ihn als *Lebensfluss* deuten. Der Fluss fließt dynamisch, mit einer gewissen Vitalität. Plötzlich gibt es eine abrupte Unterbrechung, dargestellt durch einen rosaroten Balken, der den Fluss des Wassers blockiert. Jedoch nicht ganz. Teilweise fließt das Wasser klar weiter.

(Die Mutter erzählte mir, ihr Junge hätte mit neun Jahren schon einmal einen schweren Rad-Unfall gehabt. Er wurde von seinem älteren Bruder wiederbelebt. Es ist anzunehmen, dass das Kind damals eine Nah-Tod-Erfahrung hatte. Nach dem Unfall war Peter verändert. Er hat noch viel bewusster und intensiver gelebt. Von ihm wurde alles ausprobiert, und eine natürliche Freude und Zufriedenheit ging von ihm aus.)

So ist hier auf der Zeichnung seine erste Unterbrechung dargestellt. Weiter sieht man eine rosarote Hülle. Sie entfernt sich und steigt auf. Sie wird von Händen, die in kräftigen Farben gemalt sind, zurückgehalten. Wasser fließt aus der Hülle; deutlich dargestellt. Verlässt das Lebenswasser den Körper? Bei der rosa Hülle ist auch eine kräftige rote Farbe zu sehen. Blut? Hinter dem Balken, der den Fluss beinahe stoppt, fließt das azurblaue Wasser ruhig weiter. Etwas Schwarzes ist im Fluss erkennbar. Könnte es der schwarze Mantel sein, von dem die Mutter geträumt hat?

Die gereinigte rosa Hülle überlässt sich dem Strom. Jetzt ist ein blauer Punkt sichtbar. Dieser blaue Punkt steigt die rote Leiter empor. Sie ist deutlich in der Bildmitte erkennbar. Peter, ohne Erdenkleid, steigt die Leiter hoch. Hier beginnen die himmlischen Sphären. Die Farben des Bildes wechseln und sind nun in herrlichen Pastelltönen gemalt. Hier erhält die Zeichnung auch eine künstlerische Tiefenwirkung. Im pastellfarbenen Hintergrund ist nochmals eine Leiter sichtbar. Diese Leiter ist kleiner und in weißer Farbe gemalt. Der blaue Punkt muss sich nun entscheiden. Ab hier beginnt die geistige Welt, das Mystische, das Unbekannte. Die spirituelle Dimension tut sich auf. Das Bewusstsein ist licht und hell. Können wir erahnen, was uns erwartet in der anderen Welt? Wenn wir daheim sind, beim Schöpfer? Peter hat es erfahren, und ich denke, tief in seiner Seele wusste er davon.

Am linken Bildrand sind einige Tiere dargestellt. Sie symbolisieren das irdische Leben, das zu ihm gehört hat. Da ist eine Schlange, grau, mit weißen Tupfen. Da ist eine Taube, eine Echse, ein Hahn. Sehr fein gemalt wurde ein weißer Hirsch. Er befindet sich im Fluss und ist in transparenten Farben dargestellt, als spirituelles Tier. Weiter oben in der linken Ecke sieht man ganz deutlich einen schwarzen Käfer. Er erinnert an den Skarabäus der Ägypter. Ein großes Zeichen der Transformation und der Einweihung.

Wenn man den Traum der Mutter mit der Zeichnung vergleicht und ihre anderen Aussagen anhört, erkennt und sieht man einige Übereinstimmungen mit Peters Leben und seiner Todesart.

Begegnungen im Traum

Die Wachträume sind Wege der Kontaktaufnahme der Verstorbenen zu ihren Angehörigen und wurden schon in anderen Büchern dokumentiert. Das Traumgeschehen ist so real, dass man sich noch Jahre danach daran erinnert. Peters Mutter durfte solch einen Traum erfahren. Bei ihr hat sich ihr verstorbener Junge zuerst gemeldet. Ich bin ihr und ihrem Mann sehr dankbar, dass ich an ihren Erfahrungen teilhaben durfte. Es war schön und berührend zugleich.

Peters Mutter erzählt: „Die zweite Nacht nach dem plötzlichen Tod meines Kindes hatte ich folgenden Traum. Es ist ein Wachtraum gewesen. Er war so überaus real und prägend, dass ich ihn nie vergessen werde. Ich sah von der Decke ein helles rotes Licht, begleitet von einer wunderbaren Musik, das sich auf mich und meinen schlafenden Mann zu bewegt hat. Da war gleichzeitig ein unbeschreiblicher Zustand von Friede, Wärme und unendlicher Liebe spürbar. Es ist von diesem Licht ausgegangen. Dieser Zustand hat eine Zeit lang angehalten. Dann ist dieses Licht ganz langsam nach oben gestiegen und hat sich entfernt. Ein schwarzer Mantel hat sich gleichzeitig von unten nach oben fort bewegt. Die Musik im Hintergrund ist immer leiser geworden und hat sich aufgelöst."

Das Glücksgefühl habe noch lange angehalten. Sie habe dieses Zeichen von Peter dem Vater und den andern Kindern mitgeteilt.

Die Mutter erzählte mir ergriffen weiter: „Dieser Traum ist für mich persönlich die Bestätigung, wo wir Peter nach dem Unfalltod wissen. Ich habe erkennen dürfen und weiß nun, dass es den Tod als solchen nicht gibt. Unser Kind lebt weiter in einer anderen Welt, und wir werden es einmal wiedersehen."

Dieser Traum, der mehr als ein Traum war, hat der ganzen Familie sehr geholfen in der schweren Zeit der Trauerverarbeitung. Erst einige Zeit später konnte die Mutter eine Verbindung zu Peters Zeichnung herstellen. Wenn man den Traum der Mutter mit der Zeichnung vergleicht und ihre anderen Aussagen anhört, erkennt man einige Übereinstimmungen.

Vaters Traum ein Jahr später

Der Vater erzählt uns Folgendes: „Peter erschien mir mit einer kürzlich verstorbenen Bekannten auf dem Hofplatz. Dort sprachen wir miteinander. Peter war so natürlich und fröhlich wie immer. Gegen Ende des Gespräches habe er seinen Sohn gefragt: „Möchtest du nicht zurückkommen?" Peter habe ihm geantwortet: „Nein, Papi, dort, wo ich jetzt bin, ist es viel schöner." Dann sei Peter wieder verschwunden.

Am Morgen, so erzählte der Vater weiter, sei er so sicher gewesen, dass auch diese Botschaft mehr als nur ein Traum war. Von da an habe er Peter erst richtig loslassen können. Jetzt, wo er Gewissheit erhalten habe, dass es ihm gut gehe und er nicht mehr zurückkommen möchte. „Ich habe aufgehört, Peter zurück zu wünschen, und es ist mir viel besser gegangen."

Das Gespräch mit Peters Eltern war sehr wertvoll für mich und hat bei mir einen tiefen Eindruck hinterlassen. Während der Schilderungen und vor allem beim Erzählen der beiden Träume habe ich die Anwesenheit des Jungen wahrgenommen. Ich empfand ein unbeschreibliches Gefühl von Wärme und Liebe.

Möge dieser Bericht anderen helfen, durch die schwere Zeit der Trauer zu gehen. Die Eltern des Jungen, so hat mir Susanne verraten, engagieren sich nun bei plötzlichen Todesfällen. Sie besuchen die Betroffenen und versuchen, mit ihren Erfahrungen zu helfen. Wer kann es besser als jemand, der Ähnliches durchgemacht hat. Ich bin glücklich und dankbar, dass ich diesen liebevollen Eltern begegnen durfte und sie mir gestattet haben, darüber zu berichten.

Meditation

Mysterium Tod

Ich schließe die Augen und bin ganz bewusst in meinem Körper.
Ich bin ganz friedlich und ruhig
Ich sinke mit jedem Atemzug tiefer und tiefer.
Ein göttlicher Frieden erfüllt mich.
Ich lasse alle Gedanken los.
Ich lasse sie weiterziehen und bin frei.
Ich bin einfach hier und erwarte nichts.
Ich lasse geschehen.
Ich identifiziere mich mit meiner Seele.
Alles muss sterben außer ihr.
Ich erkenne, dass ich wahres Bewusstsein bin.
Ich bin und werde immer sein.
Ich erkenne, dass das ganze Leben nur eine Prüfung war.
Ich bereite mich nun auf die Abschlussprüfung vor, indem ich alles Unwesentliche loslasse und mich mehr und mehr dem Wesentlichen zuwende.
Ich lasse die äußeren Dinge los, erfreue mich an allem, aber ich hänge nicht daran. Ich bin frei und losgelöst.
Ich weiß, dass ich alles, was ich auf Erden erworben habe, zurücklassen muss.
Das, was wirklich zählt, ist der geistige Reichtum, den ich erwerbe. Er bleibt mir in alle Ewigkeit.
Ich erkenne, dass es leichter ist zu sterben, wenn ich schon zu Lebzeiten das Loslassen übe.
Ich bin bereit, jederzeit zu gehen.
Ich weiß, dass der Tod ein Tor ist, das sich mir öffnet, wenn meine Stunde gekommen ist.

Ich weiß und vertraue darauf, dass mir bei meinem Übergang geholfen wird und ich nie alleine bin.
Meine Seele ist frei und unsterblich.
Sie erkennt den richtigen Weg.
Ich lasse eine Öffnung zu und entscheide mich für das Licht.
Eine andere Dimension tut sich mir nun auf.
Ich gehe hinüber.
Ich bin glücklich und daheim.
Ich habe nun keine Angst mehr vor dem Sterben.
Ich lebe jetzt jeden Tag bewusst, so dass ich bereit bin, jederzeit zu gehen.

Ganz langsam kehre ich nun in meine Mitte zurück, zu dem wunderbaren Licht in mir. Ich erkenne, dass ich dank dieses Lichtes mit allem verbunden bin und von nichts getrennt. Ich kann jederzeit mit diesem Licht in Kontakt kommen.

Ganz langsam und behutsam löse ich mich von dieser Meditation.
Ich komme mit meinem Bewusstsein zurück in meinen Körper
– ins Hier und Jetzt.

Einsiedeln

Einsiedeln ist in der Schweiz bekannt als Wallfahrtsort. Seit dem Mittelalter zählt er zu den bedeutendsten Wallfahrtsorten Europas. Einsiedeln ist darüber hinaus aber auch ein starker Kraftort der Menschheit, und diese Energien spüre ich sehr gut. Deshalb ist dieser Wallfahrtsort in jeder Hinsicht meine Oase der Ruhe, der Krafterneuerung und mein Ort der Gnade, der Spiritualität, geworden.

Wenn ich am Schluss meines Buches etwas über diesen besonderen Ort erwähnen möchte, so entspringt dies dem Bedürfnis kundzutun, woher ich mein ganzes Leben lang immer wieder so viel Kraft und Erneuerung erfahre. Schon als junger Mensch, als Blauring-Führerin in der Jugendarbeit, habe ich an diesem Ort schöne Stunden mit Seminaren und Tagungen erlebt.

An unserem Hochzeitstag sind wir am Nachmittag mit der ganzen Hochzeitsgesellschaft nach Einsiedeln gefahren. An dieser Gnadenstätte haben wir um Schutz und Segen für unsere Ehe gebetet. Sicher auch ein Grund, dass wir bald vierzig Jahre zusammen sind. Und so ist es weitergegangen. Bei jedem wichtigen Moment in unserem Leben, die glückliche Geburt der Kinder, deren Hochzeiten, die Geburt der Enkelkinder, um nur einige Beispiele aufzuzeigen, immer fanden wir einen Grund mehr hinzugehen, zum Danken, zum Bitten oder um Kraft zu schöpfen. Meine Verbindung zur „Mutter Gottes" ist stark und prägend.

Nicht umsonst bin ich auf die Namen „Erica Maria" getauft worden; in meiner jetzigen Lebenszeit lebe ich gerade den „marianischen" Anteil sehr stark.

Später, mit Stefan von Jankovich, habe ich Einsiedeln noch tiefer erlebt. Bei diesen Seminaren sind einige Meditationen und Gebete entstanden, die ich am Ende dieses Buches anfügen möchte. An diesem Ort der Besinnung, der Stille, ist die Berührung durch die Gegenwart Gottes für mich tiefer erfahrbar. Hier tat der innewohnende Gott sein Werk – ich wurde inspiriert. Ich meine hiermit das Hervorbringen, Auswirken, das Berührt-Werden, was immer zum Ausdruck drängte. Hier durfte ich erfahren, dass ER in mir wohnt, ER sich durch mich ausdrücken will. Hier habe ich erkannt, was es heißt, Sein Werkzeug zu sein. Ja, ER sprach auf viele Arten zu mir, und ich schrieb nieder, was ich in meinem „Sosein" empfangen durfte.

Zeichen vom Himmel

Um acht Uhr morgens, als ich auf dem Klosterplatz in Einsiedeln ankam, lag das Kloster noch im Nebel. Raureif zierte Bäume und Sträucher. Es herrschte eine klirrende Kälte. Das beleuchtete Klostergebäude mit den Lichtern sorgte für eine mystische Stimmung. Nur wenige Menschen waren auf dem Klosterplatz anzutreffen.

Ich wollte die Gnadenkapelle besuchen. In der Klosterkirche war es sehr still und einsam. Eine gute Zeit, um zu beten, bevor es wieder lebhaft wurde. Ich saß in der Gnadenkapelle, habe einmal mehr den göttlichen Frieden genossen und dieses Geschenk der Ruhe angenommen. In der Meditation bat ich darum, dass mir gezeigt werde, was für mein weiteres Leben von Bedeutung sei.

Da gab es so viele Dinge, die ich nach der Pensionierung machen möchte… Ich bat um ein Zeichen.

Nach einer Weile verließ ich die Gnadenkapelle. Ich wollte noch etwas im Nebel spazierengehen. Seltsam ist es schon, im Nebel zu wandern. Man sieht immer nur das Nächste – das Naheliegende. Alles andere, das ja auch noch da ist, wird durch den Nebel unsichtbar.

Die Kälte zwang mich, bald wieder in die Klosterkirche zurückzukehren. In Gedanken versunken, was für mich das „Naheliegende" sei, habe ich auf den Boden geschaut. Da stockte mein Fuß; fast wäre ich auf etwas Kleines getreten. Ich hob es auf und sah, dass es ein Schmetterling war. Er hatte die Flügel geschlossen; doch ich konnte erahnen, dass er mit offenen Flügeln wunderbar farbig sein musste. Der Schmetterling hat sich nicht mehr bewegt, was bei dieser Kälte nur logisch war.

Ich habe ihn vorsichtig in meine warmen Hände genommen. Tot und starr lag er in meiner Hand. „Schade, dass er erfroren ist, dachte ich. Ich wollte ihn mit nach Hause nehmen, als Erinnerung. Den Schmetterling immer noch in meinen geschlossenen Händen tragend, wollte ich also in die Klosterkirche zurückkehren.

Da spürte ich plötzlich ein feines Kitzeln in meiner Hand. Es war so zart. Ich habe die Handfläche geöffnet und sah, dass der Schmetterling noch lebte. Das war eine freudige Überraschung! Wie um mich zu begrüßen, hatte er seine Flügel ausgebreitet. Er war in seinen Farben so schillernd…

Oh Gott, ein so schöner Schmetterling mitten im Winter! Was mache ich nur mit dir? Ich kann dich doch nicht mit in den Festgottesdienst nehmen? Oder doch? Mir kam eine Idee. Ich setzte den nun wieder voll zugeklappten Schmetterling unter einen

Weihnachtsbaum vor der Kirche. Auf dem Tannenbäumchen brannten einige elektrische Lichter, vielleicht erwärmten sie ihn ein wenig.

Die Eucharistie-Feier war sehr schön. Ein richtiges Hochamt mit vielen Priestern, der Abt im Bischofgewand mit Stab und Mitra. Dabei kam mir St. Nikolaus in den Sinn. Vor zwei Tagen, als wir mit unseren Enkelkindern „Samichlaus" feiern durften, kam auch ein Nikolaus mit Mitra und Hirtenstab. Klein-Lukas durfte den Stab halten. Als er dann selber aufgerufen wurde, um sein „Gedichtli" aufzusagen, hat er den Stab seiner Schwester Chantal überreicht. Da stand er nun händeringend vor dem Samichlaus und sagte: „Ich habe ganz nasse Hände." Nikolaus fragte: „Warum, hast du Angst?" Lukas antwortete: „Das ist doch, weil ich so lang deinen Stab halten musste." Wir haben alle herzlich gelacht! So weit meine Erinnerung. Ich musste lächeln, wie damals. Übrigens, der Abt hat seinen Stab auch nicht immer selber gehalten…

Zurück zu meinem Schmetterling. Immer wieder kam der Gedanke: Lebt er noch? Der Festgottesdienst dauerte und dauerte, in der Kirche war es kalt, doch schön und feierlich. Nach dem Gottesdienst lief ich sofort zum Tannenbäumchen. Er war noch da, mein Schmetterling, jedoch gab er kein Lebenszeichen mehr von sich. Nicht einmal, als ich seine Fühler berührte. Ich nahm ihn wieder in meine Handfläche und ging in die Buchhandlung auf dem Klosterplatz. Hier drinnen war es schön warm. Meinen Schmetterling in meiner hohlen Hand haltend, suchte ich nach einem Buch für mich. Den Schmetterling hatte ich fast vergessen.

Ich fand das neue Buch von Ingrid Agnes Schwarz: „Engel und Bachblüten". An der Kasse, als ich zahlen wollte, brauchte ich natürlich beide Hände. Da lag jedoch immer noch der Schmetterling in meiner Hand. Ich wollte ihn vorsichtig in meine Tasche stecken

– da hat er sich wieder bewegt. Er hat am ganzen Körper gezittert. Was sollte ich jetzt machen?

Die Verkäuferin stand wartend da und hat mich fragend angeschaut. Bei der Kasse sah ich einen Stock mit blühenden Christrosen. Ich fragte die Verkäuferin: „Darf ich den Schmetterling hier zu den Christrosen auf die Erde setzen?" Ich habe ihn draußen auf dem Klosterplatz gefunden, und er lebt noch." Sie antwortete: „Ja sicher, ich weiß nur nicht, was ich mit ihm anfangen soll." Ich antwortete: „Ich auch nicht, lassen wir ihn einfach hier."

Ich setzte den Schmetterling auf die grünen Blätter der Christrosen, und – wie um damit seine Dankbarkeit zu bekunden – hat er sich nochmals ausgebreitet und uns seine prächtigen Flügel gezeigt. Andere Kunden kamen und staunten über seine Schönheit. Mitten im Winter ein wundervoller Schmetterling auf einer blühenden Christrose. Das war ein Bild! Ein schönes Geschenk Gottes für alle, die es als solches verstehen konnten. Da warten wir immer wieder auf Wunder, und sie geschehen doch tagtäglich – einfach so.

Ich habe mein Buch bezahlt und bin weitergegangen, wohl wissend, dass der Schmetterling bei der Christrose gut aufgehoben ist und ich mein Zeichen erhalten habe.

Ein Märchentraum

Als ich kürzlich am Morgen erwachte, erinnerte ich mich an meinen Traum: Ich habe vom kleinen Mädchen mit den Streichhölzern geträumt. Ich wunderte mich sehr, gerade jetzt von diesem Märchen zu träumen. Ja, dieses Märchen fand ich schon als Kind sehr schön. Das Mädchen mit den Streichhölzern hat mich immer sehr berührt, und ich musste weinen, wenn es mir erzählt wurde.

Doch dieses Mal im Traum hat dieses Märchen mir eine andere Bedeutung aufgezeigt. Ich erinnerte mich, dass ich im Traum eine große Freude empfand, als das Mädchen von der geliebten Großmutter in den Himmel getragen wurde.

Die meisten Menschen meinen wohl, dass Märchen nur für Kinder da sind. Ich bin noch heute sehr begeistert von den Märchen und erzähle sie gerne meinen Enkeln. In den Geschichten stecken so viele Urweisheiten des Lebens. Die darin vorkommenden Gestalten, wie Feen, Zwerge, Naturgeister, Prinzen, Prinzessinnen und andere Symbole, vermitteln wertvolle Erkenntnisse, die uns das Leben besser verstehen lassen. Der Traum hat mich inspiriert, und nun versuche ich, das Märchen spirituell zu deuten.

Zur Erinnerung eine Kurzfassung des Märchens, wie es von Hans Christian Andersen aufgeschrieben wurde:

Es war Silvesterabend und fürchterlich kalt; es schneite und begann, dunkler Abend zu werden. In dieser Kälte und Finsternis ging ein armes kleines Mädchen mit bloßen Füßen und ohne Kopfbedeckung auf der Straße. Seine Füße waren ganz rot und blau vor Kälte. In seiner Schürze hielt es eine Menge Streichhölzer. Niemand hatte ihm an diesem Tag etwas abgekauft. Halb verfroren und traurig schlich die arme Kleine einher. Sie getraute sich nicht nach Hause zu gehen, denn sie hatte ja keine Streichhölzer verkauft. Ihr Vater würde böse sein und sie wieder auf die Straße schicken. Ihre kleinen Hände waren von der Kälte fast erstarrt. Sie zündete sich ein Streichholz an. Es gab eine warme helle Flamme, und da war ein wunderbares Licht. Sie sah vor sich einen großen eisernen Ofen. Das Feuer brannte ganz herrlich darin, und sie wollte sich wärmen — da erlosch die Flamme, der Ofen war weg und sie hatte nur noch das abgebrannte Streichholz in der Hand.

Das Kind hat immer wieder Streichhölzer angezündet. Weitere schöne Visionen erschienen dem Mädchen, und es konnte sich kurz an dem Feuer der Flammen erwärmen. In einem weiteren Bild, beim Schein des Feuers, sah die Kleine einen wundervollen Weihnachtsbaum. Das Mädchen streckte seine Hände aus – da erlosch das Zündholz erneut. Beim nächsten Feuerschein sah das Mädchen, dass viele Sterne am Himmel waren. Einer davon fiel herab und machte einen langen Feuerstreifen am Himmel.

Das Kind erinnerte sich daran, dass seine liebe Großmutter, die jetzt aber tot war, immer sagte. „Nun stirbt jemand. Immer, wenn ein Stern fällt, steigt eine Seele zu Gott empor." Das Mädchen strich schnell sein letztes Streichholz an, und da sah es im strahlenden Glanz seine Großmutter. „Nimm mich mit", rief es. Die Großmutter war noch nie so schön und so groß gewesen. Sie hob das kleine Mädchen auf ihren Arm, und in Glanz und Freude flogen sie in die Höhe. Und da fühlte das Kind keine Kälte, keinen Hunger und keine Furcht mehr – sie waren bei Gott.

In einem Winkel des Hauses fand man in den frühen Morgenstunden das kleine Mädchen, mit lächelndem Mund – tot – erfroren. Neben ihm lag eine ganze Schachtel verbrannter Streichhölzer. Das arme Kind hat sich wärmen wollen, sagte man, und nun ist es erfroren. Niemand wusste oder konnte nur erahnen, wie das Kind gestorben war und was es dabei Schönes erlebt hatte.

Wie viel Weisheit und Trost ist in diesem Märchen verborgen. Auch hier wird angedeutet, dass man in Todesnähe Visionen haben kann. Es zeigt auch symbolhaft an, dass man sich dem Licht zuwenden soll. Das Kind hat sich in seiner Todesstunde an seine Großmutter erinnert. Es hat daran geglaubt, dass mit diesem Stern eine Seele zu Gott aufsteigt. Es wollte diese Seele sein. Das Mädchen hat sofort und voll Vertrauen sein letztes Streichholz angezündet und seine liebe Großmutter gesehen, die es abgeholt hat.

Dieses Märchen zeigt uns auch, dass dieses Kind nicht einsam und alleine gestorben ist. Nach außen sah es sehr traurig aus. Da erfriert ein Kind in der kalten Winternacht, und niemand bemerkt es. Wollte uns Hans Christian Andersen mit diesem Märchen etwas sagen? Könnte man es so verstehen: Das Sterben ist nicht immer so traurig, wie es von den anderen wahrgenommen wird. Der Schritt über die Schwelle nach Hause ist noch ein Geheimnis, doch wir alle werden es sicher einmal erleben.

Berührungen in der Stille

Wenn wir darum bitten, Werkzeug Gottes zu sein, lohnt es sich, einmal darüber nachzudenken, was ein Werkzeug ist. Ein Werkzeug ist ein Gerät zum Bearbeiten von Materialien. Ein Werkzeug allein nützt nichts, wenn man nicht weiß, wie es zu handhaben ist. Der Gebrauch von einem Werkzeug erfordert folgerichtiges Denken.

Herr,
mach aus mir
ein Werkzeug Deines Friedens.

Wo Hass herrscht,
lass mich Liebe bringen.
Wo Kränkung – die Vergebung.
Wo Zwietracht – die Versöhnung.
Wo Irrtum – die Wahrheit.
Wo Zweifel – den Glauben.
Wo Verzweiflung – die Hoffnung.
Wo Finsternis – Dein Licht.
Wo Traurigkeit – die Freude.

O Meister,
lass mich danach verlangen,
Andere zu trösten
als selbst getröstet.
Andere zu verstehen
als selbst verstanden.
Andere zu lieben
als selbst geliebt zu werden.

Denn –
Geben macht reich
und im Selbstvergessen
liegt der Friede.
Im Verzeihen
erlangen wir Vergebung.
Und im Sterben
ist ewige Auferstehung.

FRANZ VON ASSISI

Wenn ich also bete: „Gott, mache mich zu Deinem Werkzeug",
heißt das, dass ich Gott um Führung bitte. ER ist die treibende
Kraft, kennt die Zusammenhänge und weiß, was getan werden
soll. ER weiß also besser als ich, wo meine Talente liegen und wie
ich am besten dem Ganzen dienen kann.

Ein Werkzeug als solches ist einfach da und wartet darauf, gebraucht zu werden. Es lässt sich benutzen. Da ist keine Gegenwehr.
Wenn ich mit einem Werkzeug unsachgemäß umgehe oder ihm
sogar Gewalt anwende, geht es kaputt. Ein Werkzeug gibt sich

dem Meister hin. Dies würde auch für uns bedeuten, sich Gottes Führung hinzugeben. Solange *ich* tue – tut ER nicht.

Durch den richtigen Gebrauch des Werkzeugs fließt viel kreative Energie, Gottesenergie, in das Werk. *Werk*zeug erinnert uns auch immer wieder an Werk, Werktag, Arbeit, Pflicht. Schön ist es, darum zu bitten, dass Gott mich zu seinem Instrument macht. Sofort fließt in meinem Empfinden viel weichere Energie und Gesinnung durch. Ein Instrument spielt man; man musiziert aus Freude. Wenn ich meinen Körper für den göttlichen Strom öffne, werden meine Werke zu Werken der Liebe. Ist es nicht herrlich und beglückend, Gottes Melodie spielen zu dürfen? Hingabe, etwas zu tun, ohne Erwartungshaltung, einfach nur um der Sache willen.

Die Werkzeuge, die in der Werkstatt herumliegen, nützen nichts. Sie müssen gebraucht werden. Es gibt so viel zu tun. Wir sollten handeln. Hand anlegen und nicht nur darüber sprechen, was getan werden sollte. Sicher ist es sinnvoll, Seminare und Kurse zu besuchen. Doch was nützt uns das Wissen allein, wenn wir es nicht umsetzen? Vielleicht braucht Gott ein Werkzeug, das Spannung aushält, auch einmal schmutzig wird, sich bedingungslos gebrauchen lässt?

Heute haben wir viele Maschinen und Computer, die uns die Arbeit erleichtern. Doch können die Maschinen nicht alles. Sie haben eins nicht – Gefühl. Zudem sind sie abhängig von Energie. Als Werkzeug Gottes bin ich abhängig von der göttlichen Energie, und die ist unerschöpflich.

Darum die Bitte: Mache mich zu Deinem Werkzeug.

Gebete

Immer beim Beten dieses Satzes: „Herr, ich bin nicht würdig, dass Du eingehst unter mein Dach…" hatte ich meine Probleme:

Herr,
ich bin nicht würdig,
dass Du eingehst
unter mein Dach,
aber
sprich nur ein Wort,
so wird
meine Seele gesund.

Was bedeutet: „Ich bin nicht würdig", wenn ich doch ein Kind Gottes bin und Gott in mir wohnt?" Ich glaube, in diesem Gebet ist unsere Demut angesprochen. Wir sollen Gott, wann und wo auch immer, in demütiger Haltung begegnen. „Heilig zu sein" bedeutet für mich – gelebte Demut. Wenn wir also Gott in der Eucharistie oder beim Abendmahl begegnen, nehmen wir IHN bewusst in uns auf.

Das Gebet geht weiter: „Aber sprich nur ein Wort, so wird meine Seele gesund." Ich fragte mich: „Welches Wort macht meine Seele gesund?" Mein Wort heißt „Hingabe." Hingabe an Gott. Hingabe ist alles, was ich tue. Wenn ich mich meiner Familie widme, gebe ich mich voll hin. Wenn ich ein Seminar besuche, bin ich voll dabei. Wenn ich eine Sterbebegleitung mache, ist der Schwerkranke der wichtigste Mensch für mich. Ich bin mit ihm, bei ihm. Durch meine Hingabe kann ich viel mehr erfahren, fühlen, denken und empfinden. Der göttliche Kontakt ist hergestellt. Ich darf Kanal sein – welch ein großes Geschenk! Gott ist nicht nur in mir, ER bringt sich sogar durch mich zum Ausdruck.

Frage: „Hat Gott mich denn nötig, um sich auszudrücken?" Ich glaube schon. Weil wir Seine Kinder sind, sind wir auch Seine Erben, Erben Seiner Eigenschaften. Wir haben den Auftrag, unsere Talente zu nutzen. Wir sollten uns nur bewusst sein, dass wir in allem Tun Sein Werkzeug sind. Wir sollten durch unser Tun zur Demut finden. Die Kernpunkte von gelebter Spiritualität sind Bescheidenheit und Demut. Demut ist nicht Schwäche. Demut ist Stärke ohne Überheblichkeit. Der wirklich Demütige nimmt alles aus Gottes Händen an. Er weiß, dass alles Gute in ihm von Gott stammt. Er weiß, dass alles Lob, das die Menschen ihm zusprechen, in Wirklichkeit Gott gehört. Darum die Bitte: „Sprich nur ein Wort, so wird meine Seele gesund." Mit einer gesunden Seele bin ich heil, und es ist mir besser möglich, ein „heiligmäßiges" Leben zu führen.

> Mein Gott und mein Schöpfer,
> nimm alles von mir,
> was hindert, zu Dir.

Wenn ich mich in dieses Gebet einfühle, d. h. mich berühren lasse, muss ich es für mein Gebet etwas anders formulieren. Ich betrachte – wenn ich bete – Gott nicht als meinen Herrn. „Herr" hat etwas Herrisches an sich, Gott befiehlt mir nicht. Gott ist ein Teil von mir; ER ist in mir und ich in Ihm. Immer, wenn ich auf diese Weise meine Zugehörigkeit spüre, bekommt mein Gebet Tiefe, und ich bin „online" mit Ihm. Dieses Gebet hilft mir am meisten bei der Vorbereitung zur Meditation: „Nimm alles von mir, was hindert, zu Dir." Ich bitte darum, dass alles, was stört, mich hindert, in diese stille Ruhe mit Gott zu kommen, alle diese Zerstreuungen und Hindernisse von mir genommen werden. Wenn ich etwas ruhiger geworden bin, folgt die Bitte:

> Mein Gott und mein Schöpfer,
> gib alles mir,
> was mich führet zu Dir.

Gib mir Deinen Segen, führe mich in die Einheit mit Dir. Gib mir das nötige Vertrauen und die nötige Demut für diese innige Begegnung. Gib mir alles, was mich näher zu Dir bringt.

Nun bin ich ruhiger geworden. Ich spüre etwas Göttliches in mir. Ich sage in diesen Momenten: „Er ist da, ich spüre seine Anwesenheit. Etwas Heiliges hat mich erfüllt." Jetzt bin ich an dem Punkt angelangt, wo ich mich ganz der göttlichen Energie verbinden möchte. Ich bete weiter:

> Mein Gott und mein Schöpfer,
> oh nimm mich mir und
> gib mich ganz zu eigen Dir.

Ich spüre, da ist noch etwas, das mich dabei hindert, den nächsten Schritt zu tun. Es sollte mir gelingen, mich „mir" zu nehmen, um ganz „Sein Eigen" zu werden. Dieser Schritt verlangt absolutes Vertrauen und ein sich bedingungsloses Hingeben an Gott. Da ist kein Eigenwille mehr.

Ich habe diesen Schritt bis heute noch nicht geschafft. Ich glaube, eine totale Hingabe an Gott ist erst in der Sterbestunde möglich, wenn wir bereit sind, zu sagen:
„Dein Wille geschehe."

Schnee von gestern

(Eine Erfahrung von Einsiedeln)

Ich wollte über mein Leben nachdenken, nochmals ins Bewusstsein nehmen, was gut war und was weniger gut war. So habe ich den Kreuzweg begonnen. Eigentlich in reumütigen Gedanken; doch beim Betrachten der einzelnen Stationen bin ich ganz in die Leidensgeschichte versunken.

Fast zuoberst beim Kreuzweg war plötzlich ein großer Schneehaufen. Ich musste anhalten und mir überlegen, wie ich hier weiterkomme. Was soll das? Es ist doch Frühling, und da liegt noch Schnee von gestern. Ich wurde beim Betrachten zum Nachdenken angeregt. Wo gibt es in deinem Leben noch Schnee von gestern? Einige 'Heldentaten' kamen mir in den Sinn. Aber da waren auch einige Verletzungen, die ich noch mit mir herumtrug und nicht losgelassen hatte. Ich habe einen Schneeball gemacht und ihn weit von mir „geschmettert"! Und noch einen für das und noch einen für dies – und noch einen aus Prinzip!!! Und überhaupt…

Mir wurde es immer wohler. Die Aggressionen waren weg und rollten den Hang hinunter. Still habe ich den Schneehaufen betrachtet: Weiß fällt der Schnee vom Himmel. Und jetzt liegen die letzten Reste grau, schwarz und verdreckt auf der Wiese. Aber, dessen ungeachtet, blühen, kaum ist der Schnee weg – schöne farbige Krokusse. Dient nicht mancher „Mist", den wir im Leben machen, im wahrsten Sinne des Wortes als „Dünger" für neues Leben? Ich glaube, ich habe bei dieser Sichtweise nicht nur viele Blumen gedüngt, sondern sogar einige Exoten gezüchtet, d. h. sicher zu kräftigem Wachstum angeregt, dank meines Mistes. Mache nicht auch ich, mit meinen negativen Gedanken und nachtragenden Gefühlen, den Schnee schmutzig? Bleibe ich nicht oft auf meinem Schneehaufen sitzen? Stehe mir und anderen vor der Sonne, mache Schatten und verhindere so, dass der Schnee wegschmelzen kann?

Die Sonne und das göttliche Licht bringt alles zum Schmelzen – es wird transformiert. Wir müssen nur loslassen und verzeihen können. Das Gefühl und meine Gedanken bei dieser Meditation waren so stark und so prägend, dass sie mich noch heute begleiten und, wenn nötig, daran erinnern:

DAS ALLES IST SCHNEE VON GESTERN.

Vorwort zur Kreuzweg-Meditation

von Stefan von Jankovich

Einsiedeln ist ein starker Kraftort der Menschheit. Wenn wir dort meditieren und versuchen, unser wahres ICH zu erkennen und dadurch Gott in uns zu finden, kann viel Außergewöhnliches entstehen: Automatisches oder halbautomatisches Schreiben, Malen, Modellieren, Inspirationen empfangen, metaphysische Erfahrungen haben, ein Licht-Gottes-Erlebnis bekommen usw., usw.

Ich bin außerordentlich froh, dass Erica bereit ist, ihre spontan inspirierte Kreuzweg-Meditation uns allen als eine strahlende persönliche Erinnerung zu geben.

Seien wir alle immer offen im Herzen für die Mitteilungen Gottes in uns – wir werden reichlich belohnt werden.

Wir danken Dir, Erica, für Deinen Lichtstrahl.

Gott möge uns alle segnen

Stefan

KREUZWEG-ANALOGIE

Hinweise für Menschen und deren Begleiter auf der letzten Wegstrecke

1. Station – Jesus wird zum Tode verurteilt

Einem Kranken wird vom Arzt die Diagnose Krebs oder eine andere schwere Krankheit mitgeteilt. Sie ist für den Betroffenen wie ein Todesurteil. Die Konfrontation und das Akzeptieren dieser Tatsache ist Gegenstand und steht im Raum. Ein Leidensweg beginnt. Es gibt einige Stationen zu durchlaufen. Ein Kreuzweg für den Betroffenen.

2. Station – Jesus nimmt das Kreuz auf seine Schultern

Das Klarkommen mit seiner Krankheit und der Versuch der Annahme bedeutet auch, ein Kreuz auf sich zu nehmen. Die Last drückt, ist hart und schwer. Gedanken kommen: „Was kommt noch alles auf mich zu? Wieso ich? Was habe ich falsch gemacht?" Antwort: „Wieso ER?" Aus Liebe zu uns hat ER alles Leiden auf sich genommen.

3. Station – Jesus fällt das erste Mal unter dem Kreuz

Der Patient versucht nun, das Beste aus seiner Krankheit zu machen. Dabei werden die physischen und seelischen Kräfte strapaziert. Medikamente, aggressive, zum Teil notwendige Therapien schwächen den Körper. Der Kranke fühlt sich überfordert und ist mutlos. Als Opfer seiner Krankheit fällt er in ein Loch.

4. Station – Jesus begegnet seiner betrübten Mutter

Die Mütter, Väter, Brüder und Schwestern, alle sind betrübt. Sie tragen die Belastungen mit. Schwerkranke haben immer wieder Mühe, wenn sie die Angehörigen leiden sehen. Mitfühlen, Mittragen sind Zeichen der Liebe und geben dem Kranken die Gewissheit, nicht alleine diesen Weg gehen zu müssen.

5. Station – Simon von Kyrene hilft Jesus, das Kreuz zu tragen

Jesus wurde Hilfe zuteil. Ein Mann hilft ihm, seine Last zu tragen. Sind nicht gerade wir als Begleiter in der Lage, Hilfe leisten zu können? Meistens sind auch Freunde, Nachbarn und Verwandte da, die tragen helfen. Die Tapferen, Mutigen, Unerschrockenen sind fähig, Kranke zu begleiten, zu stärken, aufzumuntern.

6. Station – Veronika reicht Jesus das Schweißtuch

Ein Zeichen sehr großer Liebe und des Mitgefühls ist diese Tat. Die Schwerkranken brauchen Zeichen des Mitgefühls. Eine körperliche Berührung. Ein zarter Händedruck. Ein liebes Lächeln. Gott, lass uns diese Bedürfnisse erkennen.

7. Station – Jesus fällt das zweite Mal unter dem Kreuz

Alle Anstrengungen, alles Hoffen, alles Bangen nützt nichts. Der Kranke fällt wieder in ein Loch. Er ist entmutigt, denkt vielleicht, dass ja alles keinen Sinn mehr hat. Er hat doch alles Mögliche auf sich genommen. Alles versucht. Die menschliche Schwäche holt ihn ein. Die Kräfte schwinden, er ist erneut mutlos. Fällt zum zweiten Mal. Fallen, um immer wieder aufzustehen. ER hilft – ER hat es uns vorgemacht.

8. Station – Jesus tröstet die weinenden Frauen

Vielmals sind es die Sterbenden selbst, welche die Kraft aufbringen, die Angehörigen zu trösten. Sie wissen um ihren Weg und sind bereit, ihn zu gehen. Sie haben Mühe, wenn die Lieben sie nicht gehen lassen wollen. Falsches Mitleid ist oft Selbstmitleid. Fragen steigen auf: „Wieso muss es ihn, sie oder uns treffen? Was mache ich, wenn ich alleine zurückbleibe?" Unterstützung und das Gebet „Dein Wille geschehe" nützen oft mehr als Klagen.

9. Station – Jesus fällt das dritte Mal

Die Last ist zu groß, drückt zu fest, kann nicht mehr ertragen werden. Trotzdem wird mit großer Kraft immer wieder versucht, dieses Leiden zu überwinden. Nur wer aufsteht, kann auch erneut fallen. Jesus war standhaft bis zum Tod.

Helfen wir dem Kranken, immer wieder aufzustehen. Das heißt, begleiten wir den Leidenden durch alle Höhen und Tiefen. Sie gehören dazu und sind typisch für diese Phase. Verlassenheitsgefühle, Angst. „Schaffe ich das alles?" Schwäche und Mutlosigkeit gehören dazu und sollen angenommen werden.

10. Station – Jesus wird seiner Kleider beraubt

Eine schwere Krankheit beraubt auch. Psychische Kräfte lassen nach, Körperfunktionen erlöschen, Haare fallen aus. Der Leidende ist ohnmächtig und schutzlos der Krankheit ausgeliefert. Versuchen wir, diese Blöße und Schutzlosigkeit aufzufangen. Hüllen wir den Leidenden in einen Mantel der Liebe, des Verständnisses, der Zuneigung, der Zärtlichkeit. Die Geborgenheit und Nestwärme schützen den Kranken.

11. Station – Jesus wird ans Kreuz genagelt

Das Ertragen der Endphase ist oft sehr schmerzvoll. Schmerzen auszuhalten erfordert alle Kraft. Man kann versuchen, die Schmerzen zu transformieren. Ich glaube, für uns Außenstehende sieht es oft schlimmer aus, als es ist.

ER hat alles Leiden auf sich genommen – ich bin sicher, dass den Leidenden geholfen wird. Das Versinken in Bewusstlosigkeit – der Schmerz wird nur wahrgenommen, wenn er bewusst erlebt wird – ist auch eine Form von Hilfe. Medikamentöse Therapien und Morphiumgaben lindern und werden bei Bedarf eingesetzt.

12. Station – Jesus wird am Kreuz erhöht und stirbt

Es ist vollbracht. Der Patient ist erlöst. Er hat den letzten Atemzug getan. Er hat ausgelitten. Er geht ins Licht… Im ersten Moment sind die Angehörigen froh, dass das Leiden beendet ist. Sie sind erleichtert, dass es für den geliebten Menschen ausgestanden ist. Doch bald folgen Verlust- und Verlassenheitsgefühle. Man hat den Liebsten verloren, und das tut ganz tief innen weh.

Starke schmerzliche Gefühle beim Loslassen gehören dazu und müssen nach außen gebracht werden. Hier hilft im größten Schmerz der Auferstehungsglaube und das Wissen darum, dass es den Tod als solchen nicht gibt.

13. Station – Jesus wird vom Kreuz abgenommen und in die Arme Marias gelegt

Das Abschiednehmen von toten Angehörigen ist sehr wichtig für die spätere Trauer-Bewältigung. Das Verlusterlebnis über das eigene Körperempfinden emotional zu durchleben, kann sehr hilfreich sein. Menschen, die diese Möglichkeit nicht haben, trauern schwerer. Man darf den toten Körper in die Arme nehmen, waschen, schmücken, schön kleiden. – Alles hat Raum.

14. Station – Jesus wird ins Grab gelegt

Die Grablegung, die Beerdigung, die Trauerfeier sind Rituale. Sie sind eine Sichtbar-Machung des Verlustes. Auch eine Wertschätzung für den Verstorbenen und vor allem für die trauernden Angehörigen. Die irdische Hülle, jenen Teil, den man am besten gekannt und geliebt hat, wird der Erde übergeben. Kehrt zurück zum Ursprung. Das letzte Irdische, was von einem Menschen übrig bleibt, wird bestattet. So hat man die Möglichkeit, immer wieder zur Grabstätte hinzugehen, wenn das Bedürfnis da ist.

Aber wisse, der Verstorbene ist nicht mehr dort.

Im 1. Korinther-Brief 15, 42-44, heißt es:

Was man in die Erde legt, wird verderben.
Was aber aufersteht, ist vom Tode unberührt.

Was man in die Erde legt, ist wertlos.
Was erweckt ist, ist von herrlicher Schönheit.

Was man begräbt, fällt dahin.
Was aber aufersteht, lebt aus Gottes Kraft.

Deshalb versuche, im Leid – nicht im Bild des Gekreuzigten – nicht stecken zu bleiben. Erblicke vor dir das Bild des Auferstandenen. Wie ER mit ausgebreiteten Armen inmitten der herrlich strahlenden SONNE steht. ER kommt als Verheißung dafür, dass wir alle in IHM auferstehen werden.

Darauf vertraue ich.

Mutterliebe

Sie fließt von der Mutter zur Tochter.
Von der Tochter zur Mutter.
Du sagst: „Du bist meine Mama.“
Ich antworte: „Nein, ich bin deine Tochter.“
„Nein, du bist meine Mama.“
Du willst es nicht wahrhaben, dass es umgekehrt ist.

Es spielt in diesen Minuten der Verbundenheit keine Rolle
mehr.
Wer ist Tochter? Wer ist Mutter?
Wichtig ist nur eins:
Wir verweilen beide zusammen in dieser umfassenden
mütterlicher Liebesenergie.

Diese Liebe und diese Verbundenheit ist stark präsent.
Sie verbindet uns in den Stunden des Abschieds.
Wo du, liebe Mama, in einer anderen Dimension weilst.
Nach außen sieht es traurig aus.
Du bist nicht mehr die Mama, die uns so lange vertraut war.
Es ist ein Abschied von deiner Persönlichkeit.
Das mag schmerzen.

Doch, ich bin glücklich und dankbar,
dass ich dir heute auf der Seelenebene begegnen durfte.
Und diese Erfahrung hält ewig.
Danke für alles, liebe Mama.

(Zum Muttertag)

Für Sabina

Können wir in unserem Kummer begreifen?
Können wir es verstehen?
Warum muss ein Leben kurz vor Geburt
schon wieder vergehen?

Nie konnte ich dich in den Armen halten.
Nie habe ich deinen Lebensatem gespürt.
Ganz leise bist du heimgegangen,
lieb und schmerzhaft hast du unsere Herzen berührt.

Wer weiß von den Tränen – still geweint?
Weil ohne dich, mein Baby,
alles so dunkel und leer ist,
und kein Hoffnungsstern mehr scheint.

Unser Glaube und das Wissen,
dass unser Kindlein lebt,
ist unsere Hoffnung und Trost.
Sabina ist daheim, ganz nahe bei Gott.

Ohne Last und Erdenschwere
schwebte sie zum Licht zurück,
wird vom Himmel aus mich trösten
für das versagte Mutterglück.

Segnen wird sie ihre Geschwister,
stillen unseren Kummer sacht.
Auf sanften Schwingen uns besuchen,
wenn wir schlafen in der Nacht.

Wir werden dich nie vergessen,
Dich, unser totgeborenes Kind.
Als Engel wissen wir um deine Nähe,
auch wenn wir uns nie wirklich begegnet sind.

22. Juli 1978

Und immerdar enthüllt das Ende – sich als strahlender Beginn...

... denen zugeeignet, die mit mir den Weg gehen (wollen)

Alpha und Omega – jedes Ende ist immer ein Neubeginn – Anfang und Ende sind gleich. Sie gehören zusammen, bilden eine Einheit. Mit meinen Aufzeichnungen bin ich nun am Ende angelangt. Vielleicht beginnt für Sie, lieber Leser, liebe Leserin, eine Zeit, wo Sie sich aktiv mit Sterbebegleitung auseinandersetzen wollen.

Der Dalai Lama spricht im Vorwort zum „Tibetischen Buch vom Leben und Sterben":

„Nicht weniger wichtig als Vorbereitung auf unseren eigenen Tod ist es, anderen zu helfen, GUT zu sterben. Als Neugeborene waren wir vollkommen hilflos, und ohne Güte und Fürsorge anderer hätten wir nicht überleben können. Da Sterbende oft ähnlich hilflos sind, liegt es an uns, sie von Angst und Schmerz zu befreien und es ihnen – so gut wir können – zu ermöglichen, GEFASST zu sterben."

Am Bett eines Sterbenden zählt nichts mehr. Nicht dein Wissen, nicht dein Können, sondern nur dein Dasein, dein Dabeisein. Die Sterbebegleitung hat viel mit Leben und Lebenserfahrung zu tun.

Die Verbindung, woraus ich lebe und wirke, heißt Jesus Christus. Aber jeder – wirklich jeder – wird aus seiner eigenen „Kraftquelle" schöpfen. Meine Erfahrung mit Sterbenden hat mir gezeigt, dass fast alle aus jener Kraftquelle schöpfen, an die sie das ganze Leben „geglaubt" haben; mit deren Hilfe sie ihr Leben schon immer „gemeistert", existenzielle Klippen überwunden und Leiden wie Schmerz „ausgehalten" haben. Das können ganz verschiedene Kräfte und Überzeugungen sein. Ich kann ja nur das weitergeben, was für mich „tragend" ist und sein wird.

Jeder Mensch stirbt seinen eigenen Tod; und jeder Begleiter macht seine eigene, von seiner Persönlichkeit geprägte Begleitung. Schwerkrankenbegleitung ist reine Beziehungsarbeit: Ich trete mit dem Sterbenden in eine Beziehung. Keine Beziehung ist möglich ohne Liebe. Die Liebe ist ein sich gegenseitiges Annehmen und Verstehen, die größte Kraft. Nur mit dieser Kraft ist für mich die Sterbebegleitung möglich. Im Augenblick des Übergangs helfen uns die Engel, eine vertrauensvolle Öffnung zuzulassen. Ich bin sicher und vertraue darauf, dass auch die Sterbebegleiter niemals alleine sind und auch nicht alleine beim Sterbenden wachen. Ich kann sehr gut verstehen, was Dr. Kübler-Ross schreibt, wurde doch diese Pionierin, die so vielen Menschen beigestanden hat, selber auch mit allen Stationen des Sterbens und Leidens konfrontiert. Ich bewundere diese Frau. Und deshalb möchte ich mit ihren Worten schließen:

„Wenn du für spirituelle Erfahrungen bereit bist und keine Angst mehr hast, werden sie dir zuteil. Du brauchst dazu keinen Guru oder Baba, der dir erzählt, wie du es machen musst. Als wir aus der Quelle, die ich Gott nenne, geboren wurden, wurde jedem von uns ein göttlicher Funke mitgegeben. Er ist es, der uns das Wissen um unsere Unsterblichkeit verleiht. Wir sollen leben, bis wir sterben. Keiner stirbt allein.

Jeder wird in unbegreiflichem Maße geliebt. Jeder ist gesegnet und geführt.

Es ist sehr wichtig, stets nur das zu tun, was du auch gerne tust. Du magst arm sein, Hunger leiden, in einer schäbigen Hütte hausen, aber du wirst voll und ganz leben. Und am Ende deines irdischen Daseins wirst du dein Leben segnen, weil du das gemacht hast, was dir gegeben war. Die schwerste Lektion ist die bedingungslose Liebe.

Der Tod ist nichts, was du fürchten müsstest. Er kann zur schönsten Erfahrung deines Lebens werden. Alles hängt davon ab, wie du gelebt hast. Der Tod ist nur ein Übergang von diesem Leben in eine andere Existenz, in der es keinen Schmerz und Angst mehr gibt. Mit Liebe lässt sich alles ertragen. Ich wünsche mir, dass du versuchst, mehr Menschen mehr Liebe zu geben.

Das einzige, was ewig dauert, ist Liebe." [13]

Danksagung

Das Erscheinen dieses Buches wurde durch viele liebevolle Hilfen ermöglicht:

Mein Dank gilt all den spirituellen Lehrern und Freunden, die mich auf meinem Weg begleitet haben. Ich denke da an Heinz Sonderegger, Renée Bonanomi, Stefan von Jankovich, Franz und Esther Lichtenecker.

Mein Dank geht an Christoph Bürer für sein Vorwort, seine einfühlsamen Vorschläge und sein Engagement.

Ich danke ganz besonders Helena Ruchti, die mir nicht nur praktische, fördernde Ratschläge zu Inhalt, Gestaltung und Darstellung gegeben, sondern als Lektorin das ganze Manuskript durchgearbeitet hat. Durch Führung sind wir uns begegnet. Die Zusammenarbeit war fruchtbar und schön. Sie hat viel dazu beigetragen, dass dieses Werk in seiner vorliegenden Form entstehen konnte.

Vor allem gilt mein besonderer Dank meinem Schöpfer, der mich in diese Berufung geführt hat.

Anmerkungen:

1) Elisabeth Kübler-Ross: *Das Rad des Lebens,* Delphi bei Droemer Knauer Verlag, München 1997, S. 4

2 Elisabeth Kübler-Ross: *Interviews mit Sterbenden,* Stuttgart 1971, S. 5

3) Dalai Lama: Vorwort *Das Tibetische Buch vom Leben und Sterben,* Otto Wilhelm Barth Verlag, München, Bern 1999

4) Elisabeth Kübler-Ross: *Über den Tod und das Leben danach,* Silberschnur Verlag, Güllesheim 2005, S. 6

5) Joy Snell: *Der Dienst der Engel,* Turm Verlag, Bietigheim 1994, S. 21ff

6) ebd.

7) ebd.

8) Elisabeth Kübler-Ross: *Über den Tod und das Leben danach,* Güllesheim 2005, S. 25f

9) ebd. S. 4

10) E. Kübler-Ross, a.a.O., S. 6

11) Werner Schiebeler: *Wendezeit* – Zeitschrift der Schweizerischen Vereinigung der Parapsychologie, 1/08

12) ebd.

13) E. Kübler-Ross, a.a.O., S. 27